나는
날마다 성장하는
물리치료사
입니다

나는 날마다 성장하는 물리치료사입니다

ⓒ 안병택 2022

초판 1쇄   2022년 6월 10일
초판 4쇄   2024년 8월 16일

지은이   안병택

출판책임	박성규	펴낸이	이정원
편집주간	선우미정	펴낸곳	도서출판 들녘
기획이사	이지윤	등록일자	1987년 12월 12일
디자인진행	고유단	등록번호	10-156
디자인	하민우	주소	경기도 파주시 회동길 198
편집	이동하·이수연·김혜민	전화	031-955-7374 (대표)
마케팅	전병우		031-955-7381 (편집)
멀티미디어	이지윤	팩스	031-955-7393
경영지원	김은주·나수정	이메일	dulnyouk@dulnyouk.co.kr
제작관리	구법모		
물류관리	엄철용		

ISBN   979-11-5925-999-9(14370)

값은 뒤표지에 있습니다. 잘못된 책은 구입하신 곳에서 바꿔드립니다.

미래
탐색
019

나는
날마다 성장하는
물리치료사
입니다

안병택 지음

푸른들녘

저자의 말

"선생님, 나 더수기랑 정갱이가 아파서 잠도 잘 못 자유. 꼭 좀 고쳐주세유."

"네, 최선을 다하겠습니다!"

신입 때, 무릎 아픈 78세 할머니는 막 사회생활을 시작한 앳된 치료사에게 어깨와 무릎이 아프다며 잘 부탁한다고 신신당부했다. 최선을 다하겠다는 말과 함께 막중한 책임이 생겼고, 면허 시험 준비할 때보다 더 열심히 공부했다. 시장의 한 좁은 공간에서 채소를 판다는 할머니는 오실 때마다 옥수수며 감자를 가져다주셨다. 손 사래 치며 괜찮다고 했지만 할머니가 주는 건 받아도 된다고 하시면서 김이 모락모락 피어오르는 감자며 옥수수를 건네셨다. 그 온기를 나는 지금도 잊을 수 없다. 치료 때마다 땀을 뻘뻘 흘리며 정성을 다했고, 밤이면 머리를 싸매고 치료에 필요한 것들을 더 공부했다. 3개월이 지나자 걷는 게 조금 나아졌고 표정도 밝아지셨다.

잠잘 때 한두 번 정도 깨긴 하지만 훨씬 편안해졌다는 말씀에 나도 모르게 뭉클해졌다. 일에 대한 자부심도 느꼈다.

그 시절 나는 대학을 갓 졸업하고 물리치료사 면허증을 받은 초보 치료사였다. 실력이나 경험이 일천했던 손자뻘 치료사에게 늘 '선생님'이라 부르시며 오실 때마다 고맙다고 말씀하셨던 모습이 눈에 선하다. 노력하는 나를 믿고 기다려준 할머니가 이따금 생각난다. 최선을 다하겠다는 열정과 패기는 신입 때만큼은 아니겠지만 어느덧 16년 차가 된 물리치료사는 경험과 노련함이 생겨 오늘도 불편한 몸을 이끌고 오는 분과 함께하고 있다. 물리치료사라는 직업은 다른 사람을 도울 수 있는 일을 한다는 자부심과 함께 감사함을 느낄 수 있는 좋은 직업이다.

나는 물리치료학과에 진학할 때 정확하게 뭘 하는지 잘 모르고 입학했다. 졸업할 때도 크게 다르지 않았다. 정확하게 모르고 졸업하는 건 어찌 보면 당연하다. 왜냐하면 물리치료사가 일할 수 있는 분야는 무궁무진하기 때문이다. 대학 졸업 후 병원에서 일하면서 다양한 사연을 가진 환자들, 같은 시대를 살고 있는 사람들을 많이 만났다. 그분들은 내가 치료사 생활을 하는 데 많은 힘을 주었다. 항상 좋은 일만 있었던 건 아니지만, 때론 고된 일도 훌륭한 교훈으로 다가와 성장하는 데 많은 도움이 되었다. 해가 지날수록 직업에 대한 자부심과 감사함을 더 느낀다. 평균 수명이 늘어나고 몸에 대한 관심이 많아지는 백세 시대를 외치는 시점에 물리치료사는 더욱더 유망한 직업이 되고 있다. 시간이 지날수록 임상 현장에서 핵심 직업이 될 것이라고 믿는다.

이 책은 물리치료사로서 임상에 첫 발을 내딛었을 때 흔히 겪을 수 있는 상황을 현실적으로 기록한 것이다. 직업 정체성, 직업에 대한 대중 인식, 학교 공부와 임상에서 괴리, 초년기의 마음가짐을 솔직하게 담았다. 치료 과정 중 관찰, 평가, 치료 전략 등은 16년 경험 및 노하우를 담아 상세하게 전달하고자 했다. 사람을 만나는 직업인 물리치료사로서 환자뿐 아니라 동료 간 의사소통과 신뢰 쌓기를 위해 노력했던 내용도 실었다. 가장 궁금할 수 있는 직업 진로를 다룬 장에서는 꾸준히 받았던 질문을 토대로 너무 현실적이어서 공개해도 괜찮을까 싶을 이야기까지 모두 다루었다. 개인적이지만 누구나 공감할 수 있는 내용을 털어놓은 것이므로 실제로 물리치료사를 준비하는 분이나 단순히 궁금증을 가진 분에게도 도움이 될 것이다.

물리치료학과 물리치료사는 좋은 학문과 직업으로 앞으로 진출할 수 있는 분야가 많음에도 정보가 부족해서 헤매던 젊은 나를 돌아보며 한 글자 한 글자 고민하며 이 책을 썼다. 대단한 업적을 남긴 물리치료사는 아니지만 지금까지 겪은 일과 생각을 소개하면 물리치료사에 관심 있는 사람에게 작은 도움이 되지 않을까, 하는 마음에서 용기를 냈다. 나 또한 물리치료사 생활은 현재진행형이어서 일을 확장하고 계속 도전 중이다. 물리치료와 관련된 사람들이 끊임없이 도전하고 다양한 분야에 진출하길 바란다. 전공을 살려 새로운 분야로 진출해 본인의 꿈을 마음껏 펼치는 사람들이 많아지길 희망한다.

　오늘도 묵묵히 임상에서 환자를 돌보는 모든 물리치료사께 항상 활기찬 하루가 되길 바라고, 앞으로 물리치료학과 진학과 물리치료사가 되고자 하는 사람들의 건강과 좋은 선택을 응원한다.

차례

3장 전문가의 필수 조건은 평가 능력

1장
임상을 대하는 치료사의 첫 자세

물리치료사의 정체성

한마디로 무슨 일을 하는 거죠?

그녀: 어떤 일을 하세요?

나: 물리치료사입니다.

그녀: 저 발목 삐었을 때 병원에 가서 물리치료 받았어요. 차가운 팩 대고 찌릿찌릿한 기계로 치료받고 나았어요. 그 일 하는 거 맞으시죠?

나: 물론 물리치료는 팩과 전기치료처럼 기본적인 치료법도 있지만, 손으로 치료하는 도수치료도 해요. 스포츠 선수가 경기할 때 움직임 분석도 하고요. 경기력을 향상하려고 운동도 시키고 부상 후 회복도 돕습니다. 체형 교정도 하고요…….

그녀: 많은 일을 하시네요. 그런데 한마디로 무슨 일을 하나요?

나: 한마디로는…….

임상 2년 차 소개팅 때 나눈 대화 내용이다. 물리치료사라는 직업을 한마디로 정의하는 데 말문이 막힐 때였다. 내가 하는 일들을 쭉 나열할 수는 있었지만, 이 일의 정의나 정체성을 명쾌하게 이야기하지는 못했다. 이때부터 '나는 무슨 일을 하는 사람인가' '물리치료사는 어떤 일을 하는가?'에 대해 고민하게 되었다.

'나는 어떤 치료사가 될 것인가?'

물리치료사의 정체성에 대한 고민은 이 지점부터 시작된다. 다른 직업도 그렇지만, 이 일 역시 단순하게 정의 내리긴 어렵다. 이럴 때는 '어떻게 나만의 색깔을 가질 것인가, 어떻게 일하며 살아갈 것인가?'를 고민하는 편이 훨씬 더 도움이 된다. 또한 물리치료사는 다양한 분야로 진출하여 일할 수 있는 직종이다. 그런 만큼 학교에서부터 업무 범위와 진출 가능한 분야에 대해 자세히 알아보고 진로를 준비하면 좋을 것이다. 임상에 나가기 전 스스로 정체성을 연구하고 가다듬어야 한다는 뜻이다.

예를 들어, 물리치료사 하면 대개 병원에서 따뜻한 팩이나 전기치료를 해주는 직업이라고 생각한다. 허리디스크 질환이나 어깨가 안 올라가는 등 문제가 생겨 정형외과, 통증의학과 같은 병원에 가면 만날 수 있는 사람이라고 말이다. 물론 따뜻한 팩(hot pack), 차가운 팩(ice pack), 전기치료(TENS, ICT 등), 초음파(ultra sound), 적외선 치료 같은 방법을 써서 환자를 치료하기도 한다. 그러나 이게 전부가 아니다. 앞에 열거한 것은 여러 방법 중 하나일 뿐이다. 따라서 사람들이 짐작하는 직업상에 나를 맞추어서는 안 된다. 어떤 치료사가 될 것인지 주체적으로 생각하고 가치관을 세워야 한다. 우리의 일상은 생각하는 대로 바뀌기 때문이다.

물리치료의 영역과 정의

물리치료학은 어느 학문 분야에 속할까? 물리치료학은 치료의학 중 보존치료의 한 분야이다. 거슬러 올라가면 가장 큰 범위는 의학이다. 의학은 진단의학, 치료의학, 예방의학으로 나뉜다. 진단의학이란 적절한 검사를 통해 질병을 선별하고 조기에 발견하는 것이다. 또한 경과를 관찰하고, 치료 효과 및 예후 판정 등 의료 서비스를 제공하는 의학 분야이다. 예방의학이란 질병의 발생 원인을 규명하고, 예방에 중점을 두고 연구하는 의학 분야이다. 치료의학은 질병치료를 목적으로 하는 의학 분야이다. 치료의학은 보통 수술적 치료와 보존적 치료로 나누는데, 물리치료는 보존적 치료의 한 갈래이다.

물리치료의 영어 표현은 'Physical therapy' 또는 'Physiotherapy'이다. 물리치료사는 'physical therapist' 혹은 'physiotherapist'라고 부른다. 'physical'은 '물리의, 신체의, 건강진단의' 등으로 해석하는 형용사다. 'therapy'는 '치료, 요법, 상담, 처방'이라는 의미를 가진다. 이 두 단어가 합쳐져 물리치료, 신체치료, 신체상담, 건강진단상담, 건강진단처방 등의 뜻으로 쓰이는데, 물리치료사는 보존적 치료로서 신체치료 및 상담, 건강진단상담 등을 할 수 있다.

물리치료사 면허시험을 관리하는 한국보건의료인국가시험원

은 물리치료의 업무 범위를 이렇게 규정한다. 물리치료사는 "온열치료, 전기치료, 광선치료, 수치료, 기계 및 기구치료, 마사지, 기능훈련, 신체교정운동 및 재활훈련과 이에 필요한 기기, 의약품 사용, 관리 및 기타 물리요법적 치료업무에 종사"한다.

대한물리치료사협회에서도 같은 내용을 말하지만, "그러나 물리치료는 수술 및 화학요법(약물요법)이 아닌 전기, 광선, 물, 공기, 소리 및 운동요법과 각종 기구 및 기계 등 물리적인 소재를 이용하여 이를 치료목적으로 개발하여 환자에게 적용함으로써 환자의 고통을 경감하고, 나아가 기능을 회복하게 하여 정상적인 사회활동을 하는 데 도움을 주기 위한 물리적인 치료법으로 설명할 수 있다."라고 덧붙여 정의했다.

나는 세계물리치료연맹(World Confederation for Physical Therapy; WCPT)에서 말하는 물리치료 정의를 좋아한다. "물리치료사는 사람들의 최대 움직임과 기능적 능력을 발달, 유지 및 회복시키는 서비스를 제공한다. 물리치료사는 노화, 손상, 질병, 장애, 건강 상태 또는 환경 요인으로 발생하는 움직임과 기능이 위협받을 때 삶의 모든 단계에서 사람들을 도울 수 있다. 물리치료사는 신체적, 심리적, 정서적, 사회적 웰빙(Wellbeing)을 고려해서 사람들의 삶의 질을 극대화하도록 돕는다. 물리치료사는 증진, 예방, 치료 중재 및 재활의 건강 영역에서 일한다." 물리치료사의 정의와 업무 범위를 정확하게 담았다고 본다.

나는 독자 여러분께서 앞에 소개한 물리치료의 정의를 염두에

둔 채 물리치료사로서의 정체성을 고려했으면 좋겠다. 그러고 나서 앞으로 가고 싶은 길에 스스로 기준을 세우고 가다듬으면 된다. 소개팅을 했던 그녀가 같은 질문을 또다시 던진다면, "당신의 통증을 줄이고 움직임을 더 좋게 도와주는 일을 합니다."라고 자신 있게 말할 것이다. 여기에 상대방이 관심을 조금 보인다면 WCPT의 정의를 덧붙여 쉽게 설명해줄 것이다. "무슨 일을 하세요?"라는 대답에 각자 자신만의 이야기를 한 문장으로 들려줄 수 있어야 한다. 한 문장으로 말할 수 있는 정의는 내 생각과 가치관을 압축적으로 담고 있기 때문이다.

물리치료사가 되려면 어떤 자질을 갖추어야 할까?

나는 어떤 물리치료사가 될 것인가, 어떻게 치료할 것인가, 왜 이렇게 치료하는가, 나는 어떤 사람들에게 도움을 줄 것인가, 어떤 분야에 진출할 것인가, 치료사에 필요한 자질은 무엇인가, 전문성을 기르려면 어떻게 해야 하는가 등 스스로 질문을 던지고 답해야 한다. 이는 대학생일 때부터 시작하여 면허를 취득하고 임상에 나와서 일하면서도 계속 고민하고 생각해야 하는 요소들이다. 더 깊숙이 내려가 나라는 사람이 물리치료 전공과 직업에 잘 맞을지 곰곰이 생각해보자. 나의 가치관, 성향, 취향, 행동 습관을 물리치료 업무의 특성과 연결시켜보자. 좋아하는 일이 물리치료와 연관성이 있는지도 살펴보자. 사람을 만나는 것을 좋아하는가, 이야기를 잘 듣는 편인가, 의사소통을 잘하는가, 쉽게 잘 설명하는가, 체력이 좋은

가, 스포츠를 좋아하는가, 상상하는 걸 좋아하는가, 독서를 좋아하는가 등의 질문을 던지고 답을 해보면 정체성에 가까워질 수 있다.

물리치료나 물리치료사의 정체성을 고민하고 생각할 때 가장 중요한 것은, 철저하게 내 중심으로 돌아봐야 한다는 점이다. 부모님이 바라는 내 직업, 여자 친구나 배우자가 바라보는 내 직업, 친구들이 보는 내 직업, 선후배가 보는 내 직업, 친척과 이웃의 시선으로 판단하는 내 직업, 환자가 바라보는 내 직업, 사회경제적인 위치에서 내 직업을 바라보면 안 된다. 내가 좋아하고, 잘할 수 있고, 재밌어하고, 성장할 수 있고, 어떻게 살아갈 것인가에 대한 나의 명확한 가치 판단들이 기준이 되어야 한다. 복잡하게 생각하고 싶지 않다면 내가 가장 중요하게 생각하는 가치관에 이 직업이 맞는지만 체크해보자. 다른 사람의 시선은 중요하지 않다.

일을 하는 이유를 포함한 직업 정체성은 우리 삶의 지도를 바꾼다. 한 번뿐인 내 인생에서 꼭 맞는 일을 하고 싶다면, 반드시 고민해야 한다. 고민하고 생각하며 이게 정말 맞는지 겪어보면서 경험을 쌓아야 한다. 정체되지 않도록 끊임없이, 나 자신을 위해서 정체성을 만들어야 한다. 그러다 보면 때론 힘겨운 순간들도 찾아오겠지만, 가치 있는 일을 한다는 생각에 더 설레게 될 것이다.

삶의 지도를 선택하고 나아가는 사람, 그런 물리치료사이자 한 인간이 되고 싶다.

학교에서 배운 지식이 임상에서 어떻게 쓰일까

해부학, 생리학, 병리학

대학생 때 일이다. 선배 중 한 명이 학교에서 공부하는 건 시험을 위한 공부일 뿐이라는 이야길 하면서 어차피 임상에 나오면 다시 공부해야 한다고 했다. 그러니 대학생 때 더 놀고 많은 경험을 해보는 게 좋다고 덧붙였다. 나는 선배 조언을 새겨들었다. 친구들과 어울려 놀고, 강의 듣고, 시험공부를 하면서 보냈다. 물론 선배들의 이야기도 맞다. 하지만 재학 시절 학교에서 배운 내용과 지식을 임상에 어떻게 적용하는지 알아보고 연결시키는 방법을 깨달았다면 물리치료라는 학문이 조금 더 흥미롭게 다가오지 않았을까, 하는 아쉬움이 남는다.

물리치료학에서는 어떤 과목이 가장 중요할까? '해부학'이다. 해부학은 생명체의 형태와 구조를 연구하는 학문이다. 의학의 기본이 되는 해부학은 물리치료학에서 매우 중요하다. 학부과정 재학 시절, 교수님께서도 매번 해부학의 중요성을 강조했다. 해부학은 물리치료학의 기초이면서도 중심을 잡아주는 필수 과목이어서 반복 학습이 필요하다. 해부학에 통달할 만큼 공부해서 인체 형태와 구조를 잘 익혀야만 환자의 상태를 분석하고 평가하고 진단을 내릴 수 있기 때문이다. 해부학은 어려운 기초 과목이긴 하나 물리치료학의 핵심이자 주춧돌이다. 따라서 아무리 힘들어도 친해지려고 노력해야 한다.

해부학에 접근하는 방법을 살펴보자. 처음엔 뼈의 위치와 명칭부터 외운다. 다음은 사람 몸의 움직임을 일으키는 핵심 조직인 근육에 대해서 배운다. 근육은 뼈에 붙어서 뼈의 위치를 조절하고 변화시킨다. 근육이 짧아지거나 뭉치면 이에 붙어있는 뼈를 잡아당겨 위치가 변하는데, 우리가 흔히 '체형이 틀어졌다'고 하는 게 이 상태다. 관절은 두 개 또는 그 이상의 뼈가 움직일 수 있도록 하는데, 그 주변에는 인대, 연골, 관절 주머니가 있다. 인대는 뼈가 과도하게 움직이지 않도록 잡아주고, 연골은 뼈와 관절의 충격을 흡수하고 부드럽게 움직일 수 있도록 도와준다. 그리고 관절 주머니는 윤활액을 통해 관절의 마찰을 줄여준다. 이러한 조직들은 체형이 틀어지거나 근육이 찢어지면 손상을 입게 된다. 신경도 마찬가지다. 근육 밑이나 뼈, 관절 사이의 공간을 지나가는 신경이 압박되거나 늘어나면 문제가 된다. 심하면 신경이 지배하는 해당 근육이 약해지거나 제 기능을 잘 못하게 되기도 한다. 그 예로는 허리뼈(요추) 4번과 5번 사이의 디스크가 탈출해 신경을 누르면 엉덩이부터 허벅지 앞과 옆뿐만 아니라 종아리 옆쪽과 발끝까지 찌릿하거나 저릿한 통증이 일어난다. 심하면 발목을 잘 못 들어올리게 되는 경우도 생긴다. 이렇듯 근골격계 해부학만 공부해도 큰 틀을 이해하여 작동하는 원리를 알면서 각 조직의 위치나 기능을 파악할 수 있다.

　해부학에는 기능해부학과 신경해부학이 있다. 기능해부학은 움직임을 분석하고 응용하는 데 도움을 주는 학문이다. 기능은 특정 동작이 가능한지에 대해서 말하는 것이다. 한 동작을 하기 어려워지는 경우, 그에 해당하는 해부학 구조와 손상이 어떻게 일어났는지와 연관지어 설명할 수 있다. 기능해부학에서는 관절운동학, 생체역학 등의 내용도 함께 배운다. 신경계를 다루는 신경해부학은 뇌, 척수를 이루는 중추신경계와 사지로 뻗어가는 말초신경계 등 신경계의 구조와 기능을 배우는 학문이다. 나아가 신경의 역할과 경로 등 배우는 내용을 폭넓게 배울 수 있다. 흔히 '뇌과학'이라고 말하는 분야를 이해하려면 신경해부학을 알아야 한다. 해부학을 공부할 땐 시각적으로 그림을 그려보는 게 좋다. 근육을 공부할 때 단순히 '기시' '정지' '작용' '신경지배'처럼 단어만 외우면 금방 잊어버린다. 기시는 근육이 시작하는 지점, 정지는 끝나는 지점을 말한다. 작용은 근육이 어느 방향으로 움직이고 역할을 하는지를 뜻하고, 신경지배는 해당 근육이 어떤 신경에 영향을 받는지를 설명한다. 근육뿐 아니라 관절, 힘줄, 인대, 연골, 관절낭 등 조직에 대해서도 글자로만 외우면 단기 기억으로 끝날 확률이 높다. 뼈와 근육 등 조직의 위치와 움직이는 방향을 주의 깊게 그려보아야 기억에 오래 남는다. 특히 뼈의 형태나 연결되는 부분을 유심히 보면서 재미있는 단어나 모양과 연결하는 연상법을 적용하여 외우면 좋다. 직접 근육 위치를 만져보고 동작을 하면서 외우면 더 쉽게 기억할 수 있다. 다른 사람을 볼 때도 뼈나 근육 등을 덧입히는 이미지화를 시도해보자. 움직이면 각 뼈와 근육이 어떻게 변할지 상상해본다. 이렇게 관찰하는 습관을 들이면 점점 흐릿하게나마 움직임이 보인다. 움직임의 원리가 이해되면 인체 구조가 어떻게 작동되는지 또렷하게 보이기 시작한다. 주변 사람들의 몸이 움직이는 원리가 또렷하게 보이는 바로 그 순간, 치료는 재미있어진다.

생리학과 병리학은 학교 다닐 때 정말 어려워했던 과목이다. 생리학은 생명체에서 일어나는 물리적·화학적 현상을 연구하는 학문이다. 세포·조직·기관·기관계·개체 등의 기능을 설명하기 때문에 해부학과 더불어 물리치료의 탄탄한 기초 과목이 된다. 병리학은 질병의 원인과 발생 과정을 다룬다. 또한 병에 걸린 조직 형태 변화 등을 연구하는 학문이다. 생리학과 병리학은 구조, 형태, 기능으로 앞서 말한 해부학에 살을 붙여 인체의 순환과 조직 간의 관계, 병이 생기는 원리 등을 알려준다. 생리학과 병리학이 어려운 이유는 세포 단위까지 세세하게 설명하기 때문이다. 따라서 무작정 외우는 것만으로는 한계가 있다. 하지만 생리학과 병리학에 대한 지식이 부족하면 환자를 치료할 때 단편적인 시각으로 접근하는 우를 범하기 쉽다. 인체의 치유 과정, 순환 관계까지 넓게 생각하여 보다 정확하게 치료하려면, 생리학과 병리학 공부가 필요하다.

치료 과정

치료 과정은 크게 '관찰 → 평가 → 치료중재 → 재평가'로 이어진다. 실제 치료 과정은 훨씬 광범위하지만 여기서는 4단계로 이야기해보려 한다. 더 세부적으로 나눌 수도 있지만 큰 범주에서 보면 그렇다. 예를 들어 해부학, 생리학, 병리학은 치료 과정에서 기초이자 큰 틀이 된다. 즉 모든 과정에 포함된다는 뜻이다. 이때 각각의 과정은 떨어져 있기보다 연결되어 있으며 서로 영향을 주고받는다. 치료 과정의 4단계 안에 학교에서 배운 전공과목이 어떻게 녹아 있는지 살피는 것도 흥미로운 일이다.

치료의 시작은 누가 뭐래도 관찰이다. 관찰하면 많은 정보를 얻을 수 있다. 관심을 가지고 세심하게 살펴야 한다. 환자가 들어오는 순간 그의 표정, 체형, 걸음걸이, 의상, 신발 형태 등 외적인 모습을 관찰한다. 눈에 보이는 것 이상을 관찰해야 할 때도 있는데, 이런 관찰이 환자가 가진 문제의 근본 원인을 찾게 해주는 핵심이 되는 경우도 꽤 있다. 관찰 영역에는 해부학, 운동학, 기능해부학, 질환별 물리치료학 등이 총동원된다. '치료학'이라는 단어가 들어가는 과목도 관찰에 포함되고, 평가, 치료 중재법과도 연결된다. 때론 물리치료학에서 벗어나 다른 학문에서 아이디어를 빌려와 성과를 낼 때도 있다.

평가는 환자가 겪는 통증과 불편함을 포함해, 그가 가진 질환 정보를 토대로 문제의 원인을 분석하고 치료 계획을 세우는 데 적합한 검사를 하거나 측정하는 과정을 이른다. 이러한 평가는 관찰 이후 아주 중요하다. 평가가 없다면 치료라 불릴 수 없기 때문이다. 하루는 환자분이 도수치료가 지압, 마사지와 무슨 차이가 있는지 물으시기에 '치료'에는 평가가 반드시 포함된다고 말씀드렸다. 예를 들어보자. A, B, C라는 사람이 있을 때 각 환자에 대한 개별적 평가 없이 동일하게 하는 방법이 지압, 마사지라면, 도수치료는 A, B, C를 각각 평가하여 각자에 맞게 적절히 치료한다. 세 사람의 평가 결과가 다르므로 치료 방법 역시 달라지게 된다.

평가를 통해 목표, 계획을 세운 후 적절한 방법을 결정하고 치료한 다음에는, 반드시 재평가하는 과정이 필요하다. 재평가를 해야 처음 내린 평가가 맞았는지 알 수 있기 때문이다. 이때 환자를 치료하기 전과 후를 비교하며 설명해야 한다. 물리치료사가 평가를 하지 않는다면, 치료라는 단어는 쓸 수 없다고 생각한다. 따라서 아무리 시간이 촉박하다 해도 평가내리는 것은 꼭 기억하자. 한편, 평가와 치료가 동시에 이루어지는 방법도 있는데, 이는 여러 번 반복해서 익히는 것이 좋다. 예를 들어, 근육 길이 검사를 위해 스트레칭을 했는데, 근육이 짧아 다리의 각도가 정상범위에 이르지 못했다 치자. 이 경우 해당 근육을 늘리면서 평가하기에 치료법이 되기도 한다. 따라서 평가와 치료는 여러모로 떼려야 뗄 수 없다.

평가는 측정 및 평가, 근골격계·신경계 검사 및 평가 과목을 실습하면서 익힐 수 있는데, 직접 반복적으로 해보는 게 중요하다. 물리치료사는 손과 몸을 이용해 환자의 상태를 평가하고 치료하는 업무가 핵심이다. 근골격계 평가는 맨손근력검사(MMT), 관절가동범위 평가(ROM), 시각통증척도(VAS)가 기본이 된다. 신경계 평가는 의식상태 평가, 근긴장도 검사, 감각검사, 간이정신상태검사(MMSE), 브룬스트롬 회복 단계(BRS), 운동평가척도가 포함된다. 또한 보행 및 일상생활동작 평가, 심장호흡 평가가 있다. 이외에도 근전도(EMG), 균형측정기, 동작분석기, 보행분석기 등 기계 장비를 이용한 검사 방법 등을 익힐 수 있다.

1. **맨손근력검사**(MMT): 치료사의 손을 이용해 환자 근력을 평가하는 방법이다.
2. **관절가동범위**(ROM) 평가: 인체의 각 관절을 능동 또는 수동적으로 가동 범위를 각도계(goniometer)를 이용해 측정하는 방법이다.
3. **시각통증척도**(VAS): 통증 정도를 숫자로 표현하는 평가표로 '0'은 통증 없음, '10'은 참을 수 없는 통증으로 나타낸다.
4. **간이정신상태평가**(MMSE): 인지 장애를 측정하기 위해 사용되는 설문지 형태의 평가이다.
5. **브룬스트롬 회복 단계**(BRS): 중추신경계 환자의 회복을 6단계로 나타내고 예후와 치료를 판단하는 지표이다.
6. **근전도**(EMG): 근육이 수축할 때 발생하는 미세한 활동 전위를 측정하는 평가 기기이다.

평가 후에는 치료 또는 중재를 한다. 치료와 중재(intervention)는 유사한 의미로 쓰이며, 여기에는 치료중재로 표현하고자 한다. 운동치료학, 심폐물리치료학, 수치료, 전기 및 광선치료학, 근골격계물리치료학, 신경계물리치료학, 정형도수치료학, 스포츠물리치료학, 소아물리치료학, 노인물리치료학, 통증물리치료학 등 많은 과목이 있다. 사실 이런 과목에 대한 공부가 일할 때 다 필요한 것은 아니다. 일하는 분야나 직장의 특성에 따라 강조하거나 중시하는 업무가 각기 다르기 때문이다. 현장에 나와서는 대부분 본인이 속한 분야의 공부를 더 열심히 하게 된다. 그럼에도 학교 다닐 때 이들 과목을 열심히 해야 하는 이유는, 물론 면허시험 범위이고 사회에 나갔을 때 어떤 일을 할지 모르기 때문이기도 하지만, 더 좋은 치료사가 되는 데 도움이 되기 때문이다. 폭넓은 공부를 통해 더 자유로워진 시야는 환자를 치료하는 데 큰 자산이 된다.

나는 스포츠재활병원에서 일을 시작했다. 전기치료, 도수치료, 운동치료(근골격계·신경계), 선수재활, 수술 후 재활 같은 업무를 했다. 이 병원에서 각 부서를 돌며 10대부터 80대까지 다양한 연령층의 환자를 치료했는데, 처음에는 실로 막막했다. 하지만 다양한 상황에 처한 환자들의 상황을 하나하나 살피면서 대학 때 배웠던 전공과목을 다시 살펴보고 나니 점차 막막함에서 벗어나게 되었다.

치료 후에는 재평가를 통해 치료 효과가 있는지 확인하고 계획을 다시 세운다. 환자에게 평가와 재평가를 통해 변화를 확인시켜 주고, 그에 대해 이야기를 나누고 나면 비로소 일련의 치료과정이 마무리된다. 물론 관찰-평가-치료중재-재평가 사이에도 처리해야 하는 부분이 있다. 이를테면 평가와 치료 사이에는 환자의 목표가 포함된 치료 계획이 필요하다는 점을 들 수 있다. 환자의 목표나 의도를 고려하지 않고 치료하게 되면 불만족스러운 결과에 이를 수 있으므로 목표란 반드시 고려해야 하는 대상이다. 또한 평가나 치료중재, 치료중재나 재평가 사이에 최적화된 치료법을 위해 연구 문헌을 살피기도 한다. 이 경우 물리치료팀 단위로 접근하여 회의를 통해 치료 과정이 수정되기도 한다. 이렇듯 치료는 그 과정이 상세해질수록 좋다. 어떻게 치료가 진행되는지 이해하고, 전공과목들이 어떤 순간 어느 분야에 적용되는지 그 흐름을 알면, 치료에 반드시 큰 도움이 될 것이다.

솔직하게 고백하자면 나는 대학생 때 수업 내용을 잘 이해하지 못했다. 강의를 듣기에 급급했고 외워야 하는 과목도 너무 많아서 따라가기 힘든 순간도 있었다. 그러나 졸업 후 실제 현장에 나와 이 과목들을 다시 보니 정말 새롭게 느껴졌고, 볼 때마다 그 느낌이 다르게 다가온다. 일단 대학을 졸업하고 나면 '공부 끝'일 줄 알았는데, 그게 아니었다. 공부는 현장에서 오히려 더 필요하다. 환자를 만나 평가하고 치료하는 과정에 전공 필수 과목은 정말 중요했다. 전공 필수와 선택 과목을 괜히 나누는 게 아니구나, 싶었다.

왜 학생 때는 몰랐고, 전공의 중요성을 인지하는 데 한계가 있었을까? 교육 과정이야 학문적으로 훌륭하지만, 학교에서는 공부해야 할 것이 너무 많아서 실제로 현장에 나가 실습하거나 응용할 수 없다. 환자를 직접 치료하지 않으니 배운 내용도 깊이 와 닿지 않는다. 또, 대학에서 열심히 공부했다 하더라도 실제로 일할 때 다시 그 과목들을 보게 되면 그 당시에 느꼈던 것과는 다른 깨달음을 얻을 수 있다. 추상적인 개념으로 다가올 때와 실제로 적용할 때의 느낌은 그 어떤 것이든 완전히 다르게 다가오기 때문이다.

무리한 동작을 피하고 체력을 기르자

무리한 동작을 피해야 한다

치료사는 신체를 많이 쓰는 직업이다. 그래서 환자 치료를 하다가 탈이 나는 경우가 꽤 많다. 나도 초보 시절에 자주 그랬다. 도수치료나 운동치료를 하면서 힘만 주었을 때, 생각 없이 자세를 취했을 때 어깨와 허리가 아파 고생했다. 동료들 가운데엔 몸이 아파서 퇴사하는 사람도 있었다. 환자를 치료하는 사람이 환자가 되는 슬픈 상황이 생긴 것이다. 따라서 물리치료사들은 무리한 동작을 피하고 체력을 길러야 한다. 또한 일할 때 체력을 적절히 안배해서 내 몸을 지키고 최상의 상태를 유지해야 한다. 그래야만 사람들을 제대로 도울 수 있다. 치료사의 몸에 무리를 주는 업무들이 꽤 있다.

대표적인 치료 중 하나가 뜨거운 팩(hot pack)을 들 때다. 뜨거운 팩은 체온을 상승시켜 혈액 순환을 촉진시키고, 뻣뻣하고 긴장된 조직을 풀어주는 효과가 있어서 자주 처방하는 요법인데, 이 뜨거운 팩이 물을 머금으면 꽤 무겁다. 그런데 갑자기 환자들이 많이 오면 팩을 통에서 한꺼번에 꺼내야 한다. 이렇게 하루 수십 명에게 팩을 대주다 보면 어느 순간 피로가 누적되어 어깨나 손목에 무리가 가게 마련이다. 손목을 손등방향으로 들어 올리는 신전(폄) 동작을 자주 하거나 팩을 한꺼번에 여러 개 드는 일은 피해야 한다.

요즘 많이 하는 도수치료를 할 때도 종종 몸에 무리가 온다. 도수치료는 손으로 하는 치료를 말하는데, 손을 많이 사용하는 만큼 손가락 관절과 손목에 부하가 생긴다. 어깨 관절이 안쪽으로 회전되어 체중이 실리면 어깨도 망가진다. 누워 있는 환자를 치료할 때 테이블이 낮으면 허리를 숙여야 하므로 탈이 나기도 한다. 치료 공간이 비좁은 경우 몸통을 비틀거나 어정쩡한 자세를 취해야 하므로 허리와 무릎에 무리가 오기도 한다.

운동치료를 하다가 본인이 앓게 되는 경우도 제법 흔하다. 환자를 운동시키는 데 왜 치료사가 아픈지 의문이 생길 것이다. 환자와 어느 정도 간격을 두고 구두로 지시하여 운동을 시킬 때는 별문제가 생기지 않는다. 문제는 근골격계 환자뿐 아니라 신경계 환자를 운동요법으로 치료할 때 발생한다. 환자와 접촉해서 운동 저항을 주어야 하기 때문이다. 운동 저항을 준다는 것은 밴드나 아령 등 기구를 통해 환자가 동작에 더 많은 힘을 싣도록 하는 것인데, 이때 치료사 본인의 손 또는 몸통 등 신체 부위를 이용하기도 한다. 신체를 이용하여 반대 저항을 지속적으로 주게 되면 치료사의 몸에 스트레스가 가해져 탈이 난다. 또한 환자가 몸을 제대로 가누지 못해서 보호해야 할 경우에도 사고가 나기 쉽다. 휠체어에서 테이블로 혹은 반대로 이동할 때(transfer) 잘못된 자세로 도우면 허리를 망치게 된다. 그 밖에도 치료 중에 다치는 경우가 꽤 있다.

물리치료사이기에 다른 사람보다는 몸을 잘 안다. 그러나 생활하다 보면 특정 부분을 많이 쓰거나 어쩔 수 없는 상황에 부딪히는 일이 반복되어 '환자'가 되는 수도 있다. 환자들에게는 "스마트폰을 고개 숙인 채 오래 보지 마세요."라고 말하면서도 정작 치료사 자신은 그렇게 한다. 의자에 오래 앉아 문서 작업을 하느라 허리가 뻐근해지기도 하고, 팔짱을 잘 껴서 어깨나 등이 굽기도 한다. 다리를 꼬거나 한쪽에 체중을 싣고 서 있는 짝다리, 앉을 때 무심결에 하는 양반다리 같은 안 좋은 습관도 한번 몸에 배면 버리기 어렵다.

치료사 중에는 스포츠를 하다가 부상을 입는 사람도 많다. 축구 같은 격렬한 운동으로 몸을 망가트리기도 한다. 나는 평소 몸을 보호하고 아끼는 편인데, 직장생활을 하면서 한동안 사회인 야구를 했다. 2월 말쯤 날씨가 풀렸다고 생각한 팀원들이 경기 일정을 잡았다. 나도 몸을 잘 풀고 경기에 들어갔는데, 2루수를 수비할 때 문제가 발생했다. 타자가 친 공이 딱딱한 언 땅에 맞자 단순 땅볼이었는데 속도가 붙은 것이다. 공을 잡으려 했다가 공이 앞에서 갑자기 위로 튀는 바람에 얼굴을 맞았다. 다행히 눈, 코 등 얼굴 뼈가 함몰되거나 골절되진 않았지만 3주 동안 꽤 고생했다. 치료를 받으러 온 분들이 오히려 걱정하는 민망한 상황이 이어졌다. 그 일로 나는 야구를 그만두고, 되도록 안전한 운동만 하고 있다.

체력을 기르자

무리한 동작을 피하고 몸을 보호하는 게 우선이라면, 그다음은 일할 때 덜 지치기 위한 치료 수행력을 향상하기 위해 체력을 길러야 한다. 체력은 사람 몸이 신체활동을 할 때 필요한 힘으로, 근력뿐 아니라 유연성, 근지구력, 심폐지구력, 균형력, 협응력, 파워, 민첩성 등 다양한 요소를 모두 아우른다. 본인이 하는 업무에 맞는 체력 요소를 고려해서 단계적으로 체력 강화에 힘써야 한다. 예를 들어 뜨거운 팩을 자주 든다면 코어근육과 어깨, 손목 근육을 강화하고, 제때 스트레칭을 통해 풀어줘야 한다. 치료사 중에는 힘들고 피곤해서 운동을 피하는 사람도 있고, 개인적으로 운동을 싫어하는 사람도 있다. 치료할 때 힘을 쓰니 그게 운동이나 마찬가지 아니냐고 반문할 수도 있겠지만, 노동과 운동은 다르다. 운동을 싫어한다면, 언제 어디서나 할 수 있는 걷기를 통해 심폐지구력과 하체 근력을 기르라고 권하고 싶다. 나는 걷기, 달리기, 등산을 주로 한다. 공원을 걷거나 동네를 산책하고, 30분 정도 천천히 달리기도 한다. 가끔 10킬로미터 달리기 대회에 참가해 기록을 갱신하는 재미를 찾기도 한다. 물론 무리하지 않는 선에서 말이다. 등산은 걷기, 달리기와 또 다른 매력이 있다.

가장 좋은 것은 본인에게 맞는 운동을 찾아 취미로 하는 것이다. 자신의 몸 상태를 제대로 파악해서 운동 두어 가지쯤은 취미 생활로 즐기는 게 건강유지를 위한 지름길이다. 몸에 대한 자부심이 많아서 다른 운동 전문가에게 뭔가 배우는 것을 꺼리는 사람도 있다. 어떤 종목이든 분야엔 전문가가 있게 마련이다. 물리치료 전공자라 몸을 잘 안다고 해도 자신의 움직임을 효율적으로 잘 다스리려면 다른 전문가에게 배우는 게 좋다. 필라테스나 퍼스널 트레이닝도 좋고, 클라이밍이나 요가도 좋다. 전문가에게 운동 지도를 받으면 다른 관점에서 생각하게 되고, 신선한 치료 아이디어를 얻기도 한다. 새로운 운동을 배울 때, 경계를 넘나드는 그 느낌은 참 오묘하다.

일할 때엔 특히 체력 안배를 잘 해야 한다. 하루 식량을 한 끼에 다 먹으면 안 되는 것처럼 체력도 치료시간, 치료형태에 따라 적절하게 써야 한다. 적절한 휴식도 필수다. 적절히 쉬면서 일을 알맞게 나누어 해야 업무가 끝나고 여가 생활을 즐길 수 있다. 즉 하루에 많은 일을 몰아서 하기보다 적절히 쉬고, 일의 안배를 잘해야 더 좋은 치료를 할 수 있는 여유가 생긴다.

물리치료사가 갖추어야 할
네 가지 기본

기본에 충실하자

졸업하고 사회에 나오자마자 능숙한 치료사가 될 수는 없다. 기본을 단단하게 쌓는 게 중요하다고 강조하는 이유다. '기본'이란, 어떤 것을 이루기 위해 가장 먼저, 또는 꼭 있어야 하는 것이다. 물리치료사라면 더더욱 치료를 잘하는 데 꼭 필요한 네 가지 기본자세를 갖추어야 한다. 직업에 대한 자부심, 시간 관리, 치료적 서비스 마인드, 치료를 잘하려는 노력이다. 이 네 가지 기본에 충실하다 보면 치료사로서의 자신감과 능숙함이 쌓이게 될 것이다.

직업에 대한 자부심

직업에 대한 자부심은 외적, 내적으로 중요하다. 물리치료사는 1년에 약 4천 명 가까이 면허를 받는데, 3년 내지 4년 동안 전공과목을 이수하고 국가시험을 치러 합격해야만 받을 수 있다. 물리치료사 면허는 자격증이 아니다. 흔히 쉽게 취득할 수 있는 자격증으로 오해하는 분들도 있다. 면허증이 치료 실력을 보여주는 건 아니지만 인체를 다루는 학문을 이론과 실습을 통해 어느 정도 익히고 기본 조건을 충족시켰다는 점을 국가가 인증해준 것이다.

물리치료사는 전문직이다. 15년 전에도 그렇고 지금도 유망한 직업 중 하나이다. 4차 산업시대를 관통하는 요즈음, 우리는 인공지능(AI)과 로봇을 통해 자동화된 시스템이 늘어나는 가운데 빠르고 편리한 세상을 살고 있다. 가까운 미래에 없어질 직업에 대한 이야기도 많이 나온다. 그러나 물리치료사는 AI와 로봇에 대체될 수 없는 직업이다. AI와 로봇이 사람처럼 정교하게 환자를 치료할 수 없는 탓이다. 예를 들어, 손가락 같은 작은 관절을 움직이거나 깊은 속근육을 활성화하기 위한 정교한 동작은 로봇이 해낼 수 없다. 환자에 대한 공감 능력, 이야기를 나누며 느끼는 미세한 차이 같은 것은 AI와 로봇이 감지하기 어렵다.

이렇듯 물리치료사는 외적으로는 '면허증'을 가진 직업인으로, 내적으로는 AI와 로봇으로 대체할 수 없는 전문인으로서 자부심을 가질 만하다. 다른 사람이 쉽게 할 수 없는 기술을 익혀 인정받으면 자존감도 올라간다. 내게 치료받는 환자 중에도 진지하게 이 직업에 대해 물어보고 도전해보고 싶다는 사람이 꽤 있었다. 그중 물리치료학과에 진학한 사람도 있다. 뉴스 기사에서도 박사 학위가 있거나 유명한 대학을 졸업한 사람이 물리치료학과에 진학했다는 소식을 심심치 않게 접하곤 한다. 다른 분야에서 활동하다가 뛰어들 만큼 유망한 직업이라는 뜻이다.

시간 관리

두 번째 기본은 시간에 대한 관념이 철저해야 한다는 것이다. 여유 있게 출근해서 환자를 맞이할 준비를 마쳐야 한다. 아무리 늦어도 근무 시작 10분 전쯤 도착해서 유니폼을 갈아입거나 치료 준비를 마무리해야 한다. ICT 패드에 물을 묻혀 기기에 끼우거나 수건을 일하기 편하게 개고 정리하는 등 업무에 필요한 사항들을 준비해야 한다. 환자가 와서 기다리고 있는데 허겁지겁 달려와 인사하고 문 열고 불을 켜고 하는 모습을 보여주면 안 된다. 출근 시각에 딱 맞춰 오거나 5~10분 늦는 습관을 반복하다 보면 함께 일하는 동료와 환자들에게 신뢰감을 잃게 마련이다.

물리치료사에겐 치료 업무 외에 행정적인 일이나 동료들 간에 분담해 맡아야 하는 업무도 있다. 예를 들어 수요일마다 A 치료사는 치료물품을, B 치료사는 사무용품을 신청해야 한다. 신청을 깜빡하거나 서로 맡은 일을 헷갈릴 경우 문제가 생긴다. 매일 써야 하는 물품이 떨어졌다면 치료하지 못하는 상황이 발생할 수도 있다. 치료사가 많은 직장에서는 근무 시간 외에 아침, 저녁으로 교육에 참석하거나 환자별 케이스 등 직접 치료와 관련된 내용을 발표할 일도 생긴다. 발표 PPT를 완성하지 못한 채 참석하는 사람도 있는데(내가 그랬다), 시간은 모두에게 중요한 만큼 동료들의 시간을 지킨다는 자세가 필요하지 않을까?

치료적 서비스 마인드도 중요하다

물리치료는 사람을 대하는 서비스 과정이다. 이때 '서비스'란 과도한 친절이 아닌 '치료적 서비스 마인드'를 일컫는다.

첫째, 환자가 질문했을 때 아는 범위 내에서 성심성의껏 답변해준다. 바쁘면 자세하게 설명해줄 수 없지만 시간이 된다면 답변을 해줘야 한다. 환자들 중 적극적으로 물어보는 분도 있지만 궁금해도 참는 분이 꽤 있기 때문이다. 설명 도중 다른 환자의 호출이 생기면 양해를 구하고 다음 치료 시 이야기를 마저 하면 된다. 사소한 질문이라도 먼저 해서 환자의 긴장을 풀어주면 좋다.

둘째, 유의해야 할 사항을 조언해준다. 허리가 아파서 온 환자에게 필요한 운동을 지도하면 호전이 되는 듯싶다가도 어느새 다시 원상태로 돌아가는 환자들이 있다. 대개 환자가 일을 많이 하거나 무리할 때 벌어지는 일이다. 이럴 때는 허리를 앞으로 숙이면서 비틀거나 오래 앉아 있는 걸 피하라는 조언, 혹은 자세가 바뀔 때마다 아랫배에 힘을 주면 허리에 좋다는 말을 해주면 어떨까? 물리치료 기기나 도수치료, 운동치료 등 서비스 자체뿐 아니라 환자의 마음을 함께 들여다보는 것도 치료 과정의 일부다.

셋째, 역지사지해본다. 발목을 삐어 절뚝거리며 들어오는 환자가 있다. 그에게는 되도록 가까운 치료 베드로 안내해야 한다. 발목이 아픈데 멀리 있는 베드로 이동하면 그만큼 더 걷느라 환자는 힘들 어진다. 휠체어를 타고 환자와 보호자가 들어온다면 베드 사이에 최대한 공간이 넓은 자리로 안내한다. 겨울에 날씨가 추울 때는 담 요를 한 장 더 준비해서 환자에게 제공해보자. 자주 오는 분의 바람 이나 요청사항 정도는 꼭 기억했다가 해결해보도록 노력하자. 상 대방에게 뭐가 필요할지, 어떻게 해야 환자가 조금이라도 더 편안 하게 느낄지 고민하는 것은 치료사의 몫이다.

물리치료사는 치료를 잘해야 한다

이것이 본질이다. 식당은 맛있는 음식을 제공해야 하고, 가전제품 회사는 성능 좋은 제품을 개발해서 판매해야 한다. 환자들이 치료 실에 오는 이유는 아픈 곳이 빨리 낫기를 바라서다. 그렇다면, 치 료를 잘한다는 기준은 무엇일까? 통증이 줄고 안 되던 동작이 되면 치료를 잘한 것일까? 뻣뻣해진 몸이 유연해지면 치료가 잘된 것일 까? X-ray상 틀어졌던 뼈가 정렬되고 체형이 좋아지면 치료를 잘 하는 것일까? 그 기준은 누가 정하는 것일까?

치료를 잘한다, 아니다를 판단하는 것은 환자다. 통증은 주관적 이기 때문이다. X-ray, CT, MRI상 호전된 것처럼 보여도 환자가 불편함을 느낀다면 완전히 치료된 게 아니다. 관절이 움직일 수 있 는 범위가 좋아졌어도 얼마든지 긴장하거나 뻣뻣한 상태일 수도 있다. 환자는 치료사가 치료를 잘했는지, 덕분에 몸이 얼마나 좋아졌는지 섬세하게 느낀다. 통증이 심해서 일상생활에 제한이 많던 환자가 간단한 처치와 조언으로 회복하는 경우도 있다. 또 물리치료가 아닌 주사나 약 등 다른 요법으로 좋아질 수도 있다. 즉 치료 과정은 다양한 요인이 결과에 영향을 미친다. 치료사 스스로 치료를 잘한다고 말하기보다 겸손하게, 노력하며 최선을 다해야 할 것이다.

치료적 서비스에 최선을 다하다 보면 때로 다른 치료가 더 효과적일 수 있음을 알게 되어 권하게 되는 경우도 있다. 나는 3년 차까지 자부심을 넘어 자만심이 있었다. 치료를 받고 감사하다는 인사와 칭찬을 해주시니 그게 내 실력인 양 우쭐했다. 도수치료를 한 후 주사를 맞고 가서서 염증과 통증이 줄었는데, 그걸 내가 다 잘해서 그런 거라고 생각한 적도 꽤 있었다. 그런데 우리 인체엔 스스로 회복하는 자연치유력이 있다. 따라서 시간이 지나면서 낫는 경우도 나온다. 내가 치료를 잘해서 나은 게 아닐 수도 있다는 뜻이다.

그렇다고 주눅이 들 필요는 없다. 자신이 현재 할 수 있는 치료 영역을 정확히 파악하는 게 중요하다. 또한, 바르고 최선을 다한 치료를 했을 때 환자의 상태가 더 좋은 결과로 이어진다. 다른 치료와 병행하면 좋을 경우도 조심스레 권해드리고 안 좋은 자세나 습관을 말씀드린다. 환자가 빨리 낫길 바라는 선한 마음으로 정성을 들여야 한다. 환자보다 먼저 포기하지 않고 격려하고 꾸준히 치료한다. 경험을 쌓으며 책과 논문에서 볼 수 없는 노하우를 익혀 안전하게 적용한다. 이러한 치료적 서비스와 마인드가 순수하게 전해지면 긍정적인 결과가 나오면서 환자도 만족하지 않을까?

슬기로운 치료사 생활

슬기로운 물리치료사 생활

드마라 〈슬기로운 의사생활〉을 감명 깊게 시청한 후 슬기로운 치료사 생활을 하고 싶어졌다. '슬기'란 사리를 바르게 판단하고 일을 잘 처리해내는 재능이라는 뜻이다. '슬기롭다'와 비슷한 단어로 '지혜롭다'가 있는데, '지혜'는 사물의 이치를 빨리 깨닫고 사물을 정확하게 처리하는 정신적 능력을 말한다. 영어로 'Philosophy'인 철학은 지혜를 의미하는 'sophia'와 사랑을 의미하는 'Philia'가 합쳐진 말이다. 꼬리에 꼬리를 물어 철학은 윤리로 이어진다.

나는 슬기롭고 지혜로운 사람인가? 치료사로서 철학이 있는가? 치료사로서 윤리적으로 행동하는가? 사회복지 용어사전에 의하면 윤리는 '옳고 그름에 대한 도덕적 원리와 지각의 체계, 그리고 개인, 집단, 전문가, 혹은 문화에 의해서 실천되는 행위의 철학'이다. 실천하는 행위의 철학이라는 부분에 고개가 끄덕여진다. 슬기로운 치료사 생활을 위해 조금 억지스럽지만 슬기-지혜-철학-윤리라는 개념을 연결해보았다.

대한물리치료사협회가 제안하는 '10대 물리치료사 윤리'를 소개한다. 물리치료사는 박애와 봉사정신을 바탕으로 인간의 생명과 건강을 보살핌으로써 국민보건 향상에 기여하고자 한다. 이에 우리 물리치료사는 아래 강령을 성실히 준수할 것을 엄숙히 서약한다.

1	봉사	민족, 지역, 인종, 종교, 성별 신분의 차별 없이 전 인류에게 봉사한다.
2	끊임없는 노력	지역사회 주민의 건강 증진과 장애 예방을 위하여 항상 노력한다.
3	산학연구 활동	환자에게 양질의 치료를 제공하기 위하여 산학연구 활동에 앞장선다.
4	친절과 책무	고통 받는 환자와 아픔을 함께 나누며 친절과 정성으로 책무를 다한다
5	사명의식	전문직업인이라는 자긍심과 사명의식을 갖고 타인의 귀감이 된다.
6	비밀유지	직무상 알게 된 환자의 비밀을 임의로 타인에게 누설해서는 아니 된다.
7	비상업화	그 개인의 권위나 이름이 상업적 광고에 이용됨을 허락하지 아니한다.

8	친목도모	동료회원은 물론 타 유관단체와도 친목을 도모하여 협회를 잘 유지한다
9	헌신	회원공동체 바탕위에 본회의 무궁한 번영과 발전을 위하여 헌신한다.
10	정보교류	물리의학발전을 위하여 국제협력 아래 최신 기술 정보 교류에 동참한다.

물리치료사가 지켜야 할 10대 윤리

슬기로운 치료사 생활을 생각하며 '10대 윤리'에 대한 나의 의견을 밝히고 싶다.

■ 봉사 정신

봉사 정신이 필요하다. 전문가로서 환자를 치료하고 정당하게 일한 대가를 받는 것이지만, 치료사에게는 기본적으로 다른 사람을 염려하는 마음이 있어야 한다. 나와 특별한 관계가 없는 타인에게도 가엾고 불쌍히 여기는 마음, 즉 '측은지심'을 지니고 선한 영향력을 끼치겠다는 생각이 자발적으로 들어야 한다. 누군가 아프면 도와주고 싶고, 평소에 주위를 자주 둘러보는 사람은 치료사라는 직업이 적성에 맞을 수 있다. 이런 성향이 높은 사람은 일을 해나가면서 본인 몸이 힘들어져도 환자가 낫는 과정에서 보람을 느끼며 이를 일하는 원동력으로 삼곤 한다.

■ 끊임없는 노력

지역사회 주민을 위해 노력한다. 대개 본인이 일하는 직장 주변 사람들이 치료받으러 오므로 자연스럽게 지역사회 건강을 위해 힘쓰게 된다. 생각해보자. 내가 담당하던 환자가 회복하여 일상으로 돌아가면 본인의 업무를 한결 편하게 처리하게 될 것이다. 구성원들이 아프지 않으면 능률도 오르고 회사는 성장한다. 회사가 성장하면 새 직원도 뽑고 지역사회에 성과를 나누는 선순환 구조가 된다. 지역사회가 편안하고 좋은 분위기면 국가가 부강해진다고 믿는다. 나의 치료가 나비 효과처럼 퍼져나간다고 생각하면 정말 멋진 일 아닐까?

■ 산학연구 활동

양질의 치료를 위해 산학연구도 중요하다. 나는 앞장서서 연구 활동을 하는 치료사는 아니지만, 함께 공부하는 사람들과 다양한 지식과 경험을 공유한다. 5년 차까지는 환자를 많이 치료하려고 노력했다. 여러 증상을 호소하는 환자들을 치료하면서 경험이 쌓이다 보니 어딘가 부족하다고 느꼈던 것들을 채울 수 있었다. 이후로는 늘 논문을 읽고, 교육에 참석하는 등 질 높은 치료를 이어가기 위해 노력하고 있다.

■ 친절과 책무

나 또한 10년 정도 아프며 고생해서일까? 오랫동안 고통 받는 환자를 보면 남의 일 같지 않다. 사실 나는 '친절하다'는 평을 많이 들어보지 못했다. 말투가 로봇 같아서 그런지 내 나름으로는 친절하게 건네는 말인데도 환자분들껜 딱딱하게 들리나 보다. 그러나 정성스럽게 치료한다는 말은 꽤 들었다. 앞으로도 늘 성실하게 거짓 없이 환자를 대하고 싶다.

■ 사명의식

물리치료사 생활을 하면서 전문가로 자긍심을 갖게 된 건 임상 5년 차가 넘어가면서였다. 그전까지도 '나는 전문가다'라고 자부했지만, 타인에게 제대로 도움을 주고 있다고 생각하게 된 건 그때부터다. 자긍심이 생기면서 사명감이 생겼다. 주어진 일을 더 잘하고 싶었고, 이 일이 내게 준 선물이자 능력이라고 생각했다. 누군가를 돕고 살아갈 수 있다는 건 감사한 일이다.

■ 비밀유지

치료사는 일하면서 알게 된 환자의 질환, 증상, 변화 등 사적인 비밀을 잘 지켜야 한다. 일 대 일로 치료하다 보면 본의 아니게 환자 개인의 이야기를 알게 되는데, 이 내용들을 외부에 발설하면 안 된다. 몇 개월 이상 환자와 함께하며 재활을 돕다 보면 가족보다 더 많은 속 이야기를 알게 되는 경우가 더러 있다. 주로 평가와 치료 계획을 세우기 위해 일상에 대해 묻고 답하는 과정에서 나오는 이야기들인데, 이것을 실명으로 남에게 알리면 안 된다.

■ 비상업화

치료를 하다 보면 연예인, 스포츠 선수 등 다양한 유명인을 만나게 된다. 유명인을 치료했다는 이유로 허락을 받지 않고 상업적인 목적으로 광고하면 안 된다. 공익을 위해서 광고가 필요한 경우 당사자의 이해와 허락을 꼭 받아야 한다. 이익을 위해 다른 사람의 권위나 이름을 함부로 사용해서는 안 된다.

■ 친목도모

치료사는 직장에서 동료와 교류할 일이 잦다. 친목을 도모하며 정보를 공유할 일도 많다. 새로운 직장을 구할 때엔 선배나 동기가 도움을 주기도 한다. 재활병원에서 일하면 작업치료사들과 환자 케이스, 치료 이론 및 자료를 발표하거나 어떤 환자에 대한 치료적 의견을 교환할 때가 있다. 자연스레 의사, 간호사, 방사선사, 행정 담당자와도 친목을 도모할 일이 생긴다. 부서가 다르다고 선을 긋다 보면 나중에 도움을 청하거나 일할 때 막히는 경우가 있다. 서로 열린 마음으로 상부상조하면 좋다.

■ 헌신

물리치료사는 대한물리치료사협회의 회원이기도 하다. 회원 공동체에 공익을 위한 목적이라면 참여하기도 한다. 회원 공동체의 성장과 발전은 개인 물리치료사에게도 도움이 된다. 혼자서 해결할 수 없는 일이 발생했을 때 협회에서 중재를 하거나 적극적인 도움을 줄 수 있다. 물리치료사로서 사회에 나가 폭넓게 활동하려면 개인뿐 아니라 공동체의 힘이 필요한 경우도 있다. 따라서 공익을 위한 일에 적극적으로 봉사하고 헌신하겠다는 마음을 가져야 한다.

■ 정보교류

치료사는 대한물리치료사협회가 주관하는 보수교육에 주기적으로 참여한다. 치료학회를 통해 학문적 지식을 쌓고 실습을 한다. 치료사는 다른 치료사와 교류하면서 발전한다. 혼자서 지식을 다 알 수 없기 때문에 서로 생각과 정보를 공유하는 것이다. 국제 학회도 참여할 수 있다. 요즘은 온라인 교육이 활발한 덕에 외국에서 열리는 컨퍼런스나 세미나에도 얼마든지 참여할 수 있다. 이처럼 치료사로서 발전하기 위한 적극적인 교류 활동이 필요하다.

평생 공부가 필요한 분야

졸업하고 나서도 공부가 필요하나요?

물리치료사는 졸업 후에도 공부가 필요한 분야이다. 엄밀히 말하면 졸업하고 나서 공부를 더 많이 해야 한다. 나는 고등학생 때 공부를 열심히 한 편도 아니었고 잘하지 못했다. 좋아하는 과목은 깊게 파지만 성적이 안 나오는 과목과 싫어하는 과목은 피하곤 했다. 물리치료학과에 입학하니 공부할 과목이 정말 많았다. 졸업 후에는 직접 치료를 해야 하니 공부를 피할 수 없었다. 현장에서 일할 때 자연과학은 물론 기초의학, 심리학, 인문학 등 다양한 분야의 공부가 필요했다. 전공 내용뿐 아니라 사람을 만나는 치료 서비스 업무이기 때문이다. 이렇듯 물리치료학은 평생 공부가 필요한 분야다.

혹독했지만 다양한 경험을 쌓았던 첫 직장

나의 첫 직장은 스포츠재활 병원이었다. 직원 교육이 잘 되어 있었던 곳이다. 대표적인 정형도수치료학회인 K와 F학회 교육을 이수한 선배 2명이 있었다. 신경계 대표적인 교육인 P와 B학회 교육을 이수한 선배 2명도 있었다. 척추교정을 하는 C 교육을 이수한 선배와 스포츠 관련 학회를 이수한 선배도 있었다. 그곳에서는 주 3회 치료사끼리 스터디를 했다. 이론도 점검했지만, 실습에 무게를 더 많이 두었던 교육이었다. 연차가 낮을 때는 이론보다 실습이 더 필요했기에 다양한 실습 위주로 치료를 배웠다.

내부 교육은 신입 치료사들이 〈기능해부학 및 운동학〉을 발표하면 선배들은 조언하는 식으로 이루어졌다. 나는 당시 입사 동기들과 한 주제를 나눠서 돌아가며 발표했다. 내가 맡은 주제는 어깨와 무릎 부분이었는데, 발표하려면 자료를 적어도 10번 이상 봐야 했다. 진땀을 빼가며 무사히 발표를 마치면 질문이 쏟아졌다. 질문에 답하고 나면 선배 치료사들이 현장에 필요한 조언을 해주었다. 초보 물리치료사에게 꼭 필요한 양질의 정보를 흡수할 수 있는 매우 좋은 시간이었다. 이런 식으로 해마다 공부한 끝에 3년 뒤에는 후배 치료사들에게 미약하나마 조언해줄 수 있을 정도로 성장했다.

타 부서와 함께 하는 아침 교육도 있었다. 먼저, 치료사들이 주체가 되는 환자 케이스 발표는 밤새 준비해도 모자랄 만큼 스트레스를 받는 시간이었다. 대개 근골격계 물리치료 부서와 신경계 운동치료 부서에서 번갈아 가며 발표했다. 환자의 객관적, 주관적 정보,

목표, 진단 검진, 측정 및 평가, 단기·장기 치료 계획, 치료 내용(동영상 또는 직접 시행)을 직접 준비해야 했다. 의사, 치료사가 20-30여 명 모인 자리에서 PPT 발표를 12-15분에 걸쳐 한다. 말을 더듬거나 끊어지지 않게 능숙하게 연습해서 발표해야 했다. 어떻게든 준비한 발표를 무사히 마친다고 끝나는 게 아니었다. 못할 답변만 찾아서 질문하는지 처음 발표 때 상황은 지금 생각해도 아찔하다.

치료사, 트레이너가 함께하는 영어 논문 발표 교육도 있었다. 저명한 학회의 영어 논문 1편을 해석하고 요약해서 12-15분 발표하는 시간이었다. 영어도 부족하고 지식도 부족하니 준비하는 데 시간이 오래 걸렸다. 다른 발표 교육도 매한가지였지만, 선배 치료사의 도움과 사전 연습을 통해 발표를 하곤 했다. 처음에는 발표하기도 급급했는데 논문 검색법, 논문의 구조 및 결과 해석하는 법, 발표법 등을 배웠다. 이후 대학원에 진학하는 데 도움이 되었다. 처음 1년은 매우 힘들었지만 다음 2년은 약간 힘들었고 그다음은 비교적 수월해졌다. 모든 일엔 연습과 경험이 필요한가 보다.

병원에서 하는 교육도 많았지만 주말에도 학회 교육을 찾아다녔다. 그때는 왜 그렇게 열성적이었는지. 직장 내에서 자연스럽게 공부하는 분위기였고 선배 치료사들이 많이 가르쳐줬다. 자연스러움을 넘어 당연히 '공부를 해야 되는구나' 생각했다. 자의든 타의든 전공서를 보거나 책을 보는 습관이 길러졌다. 습관은 지금도 이어졌다.

치료 외 공부도 필요하다

치료를 하다 보니 환자를 대할 때 전공서적 외에 심리학이나 의사소통과 관련된 자기계발서의 도움을 받아야 할 필요를 절감했다. 아파서 고통 받고 걱정하는 환자의 심리를 알아야 했다. 환자는 상황에 따라 심리가 달라지기 때문에 치료와 연관지어 생각해야 한다. 나는 심리학 책을 즐겨 읽었다. 어려운 의학·치료학 지식을 쉽게 전달해야 했기 때문에 의사소통 책도 필요했다. 전공 지식을 이해하기 쉽게 전달해야 했다. 일하면서 경험한 바에 따르면 치료사에게 필요한 의사소통 능력이란 곧 환자의 이야기를 경청하고 공감하는 능력이었다. 환자의 이야기에 진심으로 반응하고 최대한 많이 들어주고 쉽게 답변해주는 자세를 갖추는 데엔 경청과 공감이 절대적으로 중요하다.

인문학 책에도 관심을 갖게 되었다. 치료사는 사람을 대하는 직업이다. 사람을 이해하기 위해 인문학의 구조, 철학적 사고를 통해 나 자신을 돌아보고 환자의 상황을 고려하는 '역지사지'를 연습했다. 환자를 치료하면 치료 결과 값이 숫자로 딱 떨어지지 않는다. 적절한 치료를 하면 좋은 변화가 일어나지만 통증과 불편함이 해결되지 않는 경우도 더러 있다. 과학적으로 해결되지 않는 부분이 있는 것이다. 예를 들면, 목디스크가 있는 환자를 평가하고 적절한 치료를 했다. 한 달 동안 치료를 꾸준히 했음에도 해결되지 않았는데 이야기를 나누다가 실마리를 찾았다. 평소 생각이 많다고 입버릇처럼 말하는 환자와 어떤 생각을 하는지 풀어나간다. 고민이 사라지고 고개 숙이는 습관이 줄어들자 목디스크 회복에 도움이 됐다. 과학적으로만 접근했을 때 해결되지 않았던 모호한 부분이 인문학적 사고와 접근을 통해 해결된 것이다. 사람을 이해하는 것은 곧 좋은 치료에 한 발 더 가까이 다가가는 길이다.

전공 공부를 먼저 충분히 하고, 응용 학문을 공부하자

처음은 치료사로서 갖춰야 할 전공과목에 열중해야 한다. 업무에 필요한 이론을 반복적으로 익힌다. 다음에는 실습을 통해 숙달시킨다. 처음부터 치료와 너무 동떨어진 길을 가면 안 된다. 연차가 낮을 때 대체의학기술이 촘촘한 책을 한 권 샀다. 치료실에 들고 와서 읽으려고 하는데 P 선배 치료사가 무슨 책인지 물어봤다. 제목을 말하니 지금 그런 책 보게 되면 기초가 정립되지 않아 말만 앞서는 사짜(?) 치료사가 된다며 읽지 말라고 했다. 신뢰하는 P 선배의 강력한 어투의 조언을 듣고 그 책을 읽지 않았다. 지금 생각하면 P 선배 치료사의 조언이 너무도 고마울 따름이다. 치료사로서 가치관과 기본 지식이 제대로 쌓여 있지 않은데 물리치료 학문 외의 것을 더 공부했다면 괜히 혼란스러워졌을 것 같다. 슬기로운 상태에서 보면 옳고 그름을 판단하고 필요한 정보만 선택적으로 얻을 수 있다. 슬기롭지 않은 상태에서 검증되지 않은 치료법을 환자에게 시도했다면 문제가 자주 생겼을지 모른다. 물론 책 내용이 환자 치료에 도움이 될지 모른다. 다만 현대의학을 기초로 하는 치료사로서 치료 선택에 고민이 된다. 선별할 수 있는 지식과 경험이 쌓인

후에 학문으로 다가가기를 권하고 싶다.

의학은 계속 발전한다. 과학적인 검증을 통해 예전에 좋다고 인정받은 치료와 지식이 도태되기도 한다. 시간이 흘러 새로운 치료 방법이 근거 의학으로서 검증을 받고 주류가 바뀐다. 하나의 치료는 한계가 있어 다양한 치료를 위해 계속 배우고 익혀야 한다. 성장하는 치료사는 공부를 통해 실력을 쌓는다. 남보다 많이 안다, 라는 자만보다 과거의 나보다 더 나은 치료사가 되고자 한다. 그러면 환자는 적절한 치료를 더 받을 수 있다.

그만두고 싶었던 순간_처음부터 물리치료사가 되고 싶었던 건 아니다

정말 싫었다. 고등학교 3학년생 때 물리치료학과에 입학하고 이후 병원에서 일한다는 생각을 해본 적이 없었다. 물리치료가 뭐지? 물리치료사가 무슨 일을 하는지 정확하게 몰랐다. 문과생이었기 때문에 자연과학 또는 보건 계열인 물리치료학과에 진학할 생각은 해본 적도 없었다. 고등학생 때는 국문학과에 가서 공부하여 수필을 쓰는 작가가 되고 싶었다. 좋아하는 책을 읽고 걸으면서 사색하고, 따뜻한 글을 통해 사람들을 치유하는 글을 쓰고 싶었다.

고등학생 때 목, 어깨, 허리가 아프기 시작하면서 병원을 다녔다. 그때 재활을 도와주던 치료사를 보면서 물리치료사 직업을 알게 되었다. 지금 생각하면 재활운동 시설을 갖추고 말끔하게 가운을 입고 치료하던 치료사에 대한 좋은 인상이 한 편에 남아있었던 것 같다. 문제는 국문과에 못 가고 물리치료학과에 오면서 혼란이 생겼다는 점이다. 한동안 고등학생 때 친구들을 만나면 물리치료학과에 갔다는 이야기를 못했다. 당시에는 친한 친구들에게만 물리치료학과에 갔다고 알렸다. 국문과 가서 수필 작가가 되겠다고 호언장담 했는데 문과생이 자연과학 또는 보건계열인 물리치료학과를 왔으니 얄팍한 자존심 때문인지 말을 하지 못한 것이다.

이런 저런 생각을 하며 시간을 보내다 1학년을 마치고 군대를 갔다. 육군 훈련소에 기초 훈련을 받고 자대 배치를 받기 전이었다. 훈련소 간부가 훈련병들에게 전공을 물었다. 내 차례가 되어 물리치료학과라고 말하니 "넌 의무병이 될 확률이 95%다."라고 말했다. 의무병은 군대에서 위생, 응급처치, 간호 등 의료 업무를 수행하는 병사를 말한다. '의무병이 되는구나.'라는 생각을 하고 있었는데 장갑차 정비병이 됐다는 통보를 받았다. 장갑차 정비병은 탱크 같은 전투 차량인데 정비병이다. 그 간부에게 가서 "의무병이 된다고 하셨는데 장갑차 정비병으로 통지 받았습니다."라고 말했다. 그때 간부가 했던 대답이 지금도 잊히지 않는다. "장갑차 정비도 고치는 거다. 사람 고치는 거랑 장갑차 고치는 게 비슷한 거니까 열심히 해라."

천직이라는 복선이었을까. 전역을 하고 복학을 하면서 물리치료사 면허 시험을 보기 전까지 내 길이 아니라고 생각했다. 졸업을 하고 무슨 일을 해야 하나 싶었다. 운동과 스포츠에 관심이 있어서 우연히 지원했던 스포츠재활 병원에 합격하고 나서야 알았다. 물리치료사가 적성에 맞았다는 것을. 학교에서 일할 때는 별로라고 생각하고 다른 전공과 직업에 눈을 돌렸는데 막상 일하니 잘 맞았다. 그렇게 병원에서 일하며 더 흥미를 느끼고 그때부터 이 길을 한번 가보자며 일했다. 지금도 물리치료학과에 꼭 진학하고자 하는 학생이 얼마나 있는지 궁금하다. 자의든 타의든 처음에는 나처럼 다니기 싫어하는 학생이 많지 않았을까. 대학을 다니고 일을 하다 정이 들고 천직이 되는 순간을 겪으며 일의 소중함을 알게 된다.

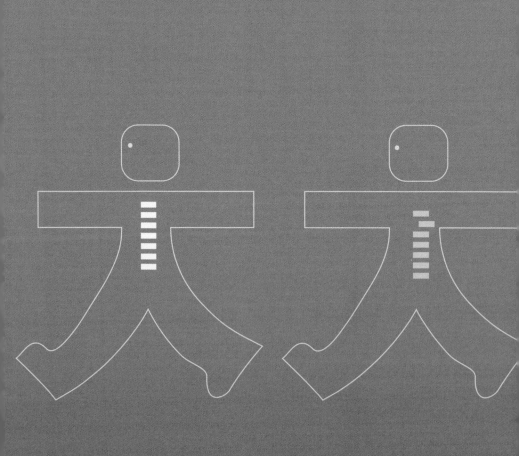

2장
관찰의 힘

나 자신부터 관찰하자

정적·동적 자세 관찰

치료사에게 필요한 능력 중 하나는 관찰이다. 관찰은 치료의 시작이다. 관찰은 진단 및 평가 방법 중 하나인데, 치료 과정에서 보통 초반에 시작된다. 치료사에게 관찰은 시진(視診)으로 불린다. 시진이란 의사가 눈으로 환자의 몸 상태를 살피며 문제가 있는지 없는지 보는 것을 말한다. 그러나 여기서 그치는 게 아니라 눈으로 보이는 저 너머를 볼 수 있어야 치료 시야가 넓어진다. 관찰은 정적·동적 자세를 포함해 일상과 몸이 어떻게 서로 영향을 주고받는지 연결해서 보는 과정이다. 이때, 다른 사람을 관찰하는 것도 중요하지만 먼저 자신부터 살필 것을 추천한다. 내 몸과 내 몸을 둘러싸고 있는 각 부분을 살펴보면서 환자를 이해하는 연습을 해본다.

먼저 정적 자세를 보자. 정적 자세는 가만히 멈춰 있을 때의 자세다. 주로 전신 거울 속 모습을 보거나 사진을 찍은 후 분석하는 것이 여기 속한다. 사람의 몸은 3차원적 구조를 가진다. 3개의 가상면을 가지는 셈이다. 정중면(시상면)은 인체를 좌·우로 나누는 면이다. 관상면(이마면)은 앞·뒤로, 수평면(횡단면)은 위·아래로 나눈다. 3개의 가상 면을 기준으로 어느 쪽으로 치우쳤는지 비대칭을 찾아본다. 어디가 상대적으로 틀어졌는지 본다. 정적 자세는 앞, 옆(좌·우), 뒤를 천천히, 3개의 가상 면을 지우지 않고 입체적으로 그리며 유심히 살펴야 한다.

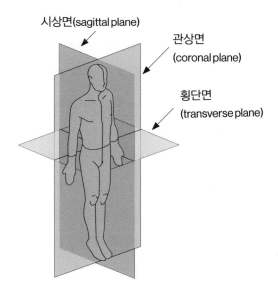

인체를 3개의 가상면으로 분할한 그림

머리부터 발까지 위에서 아래로 보는 방법, 반대로 발부터 머리까지 아래서 위로 보는 방법이 있는데, 둘 중 편한 방법을 선택한다. 앞에서는 먼저 가르마 방향을 살펴본다. 예를 들어 왼쪽으로 가르마를 자주 넘기는 사람은 왼쪽으로 주로 움직이는 습관이 있다. 눈, 코, 입이 보이는 얼굴 위치도 중요한데 왼쪽이 넓어 보이면 오른쪽으로 얼굴을 회전하는 습관이 흔하다. 어깨 높이가 좌우 대칭으로 같은지도 살펴보자. 팔이 안쪽으로 회전되어 상체가 구부정한지도 살펴본다. 바지선이 정가운데 위치하지 않고 한쪽으로 돌아가 회전되어 있는지도 보자. 무릎에 위치한 동그란 뼈인 슬개골(뚜껑뼈) 위치가 상하좌우 중 한쪽으로 치우치진 않았는지도 살펴자. 발이 안팎으로 어느 쪽으로 쏠려있는지 발바닥 아치가 대칭인지 등을 본다. 처음에는 사진에 표시하는 방법이 더 정확할 것이다. 옆, 뒤 모습도 3개의 가상 면을 기준으로 본다. 비대칭인 부분을 숨은그림 찾기처럼 면밀히 찾아보고, 인체 중심선을 기준으로 꼼꼼하게 확인한다.

정적 자세를 관찰하고 나면 동적 자세로 넘어간다. 똑바로 서서 몸통을 앞으로 숙여보거나 뒤로 젖혀본다. 좌·우 회전도 해보고 한 발로 서본다. 쪼그려 앉아도 본다. 목, 어깨, 팔꿈치, 손목, 손가락, 고관절, 무릎, 발목을 돌려보거나 움직여본다. 이때 동작이 잘 안 되는 부위만 확인한다. 움직일 때 통증이 있으면 따로 기록한다. 동적 관찰은 특정 움직이는 자세(스쿼트, 런지, 한발 서기 등)와 기준을 정해놓고 해야 하지만 여기서는 움직임의 질과 통증이 있는지 없는지만 확인해보자.

꼼꼼하게 일상 관찰하기

그 밖에 보이거나 움직이는 너머를 보려면 일상을 관찰한다. 하루에 앉아 있는 시간이 얼마나 되는지, 서 있는 시간은 얼마큼인지 생각해본다. 밥을 삼 시 세 끼 먹는지 주로 어느 시간대에 먹는지, 어떻게 먹는지, 어떤 음식을 선호하는지 살핀 다음 음식의 영양 성분도 체크한다. 수면 패턴을 살피는 것도 중요하다. 보통 몇 시에 자는지, 자다가 깨지 않는지, 몇 시에 일어나는지, 일어났을 때 느낌이나 컨디션은 어떤지 기록한다. 이렇듯 기본적으로 많이 하는 몸동작, 식사, 수면 등 일상에서 내게 영향을 미치는 것들을 하나하나 관찰한다.

우리 몸은 흔적을 남긴다. 그 흔적이 바로 우리의 체형이다. 체형은 많이 하는 동작, 먹는 음식과 성분, 수면 등 일상 속 모든 것들이 쌓여 이루어진 것이다. 사람의 몸은 기계가 아니다. 따라서 우리 몸을 기계 부품처럼 생각하여 수리하거나 교체하는 게 가능하다는 관점에서 관찰하면 치료가 어려워진다. 물론 정량적인 방법으로 해결되는 경우도 있다. 그러나 근본 원인을 찾아내려면 몸에 영향을 미치는 모든 요소를 살펴봐야 한다. 보이는 몸 상태와 상호 영향을 받는 요소를 최대한 찾아내 해결할 수 있는 길을 판별하는 시점까지가 관찰의 영역이다.

무엇보다 내 자신을 제일 잘 알아야 한다. 내 몸에 관심을 가지고 통증이 생길 때마다 자신이 어떻게 반응하고 느끼는지 살펴본다. 통증이 오래갈 때 어떤 생각이 들었는지, 어떻게 생활했는지, 재발한 경우 근본 원인을 찾았는지 기억을 더듬어 보자. 본인 몸을 소중히 생각하고 변화를 관찰하는 습관을 들이면 이 경험을 바탕으로 역지사지하여 환자를 치료할 수 있다. 물론 환자를 치료할 때엔 전문가의 능력을 한 스푼 추가해야 한다. 설령 내가 아파본 적이 없다고 해도 더 건강해지기 위해 어떤 노력을 했는지 떠올리면서 몸의 변화를 관찰한다. 이런 과정은 환자가 더 좋아지게 만드는 절대적인 도움 요소가 된다.

나는 고등학교 1학년 때 선물 받은 지갑을 바지 뒷주머니에 넣고 의자에 앉곤 했다. 자연스레 양쪽 의자에 닿는 부위에 불균형이 생겼고, 시간이 지나면서 몸이 불편해졌다. 지갑이 원인일 거라고 판단한 건 한참 후였다. 평소 운동을 많이 했으니 대칭적인 몸을 가졌을 거라고 생각했는데 나도 모르는 사이 체형이 틀어지고 문제가 생긴 것이다. 오래 앉아 있다 보니 몸이 앞으로 구부정해졌다. 떨어지는 빗방울이 바위를 뚫듯 사소한 습관과 동작들이 체형을 바꿨다. 하지만 그 당시엔 몸에 대해서 모르기도 했고 건강에도 관심이 없어서 고생만 했다. 요즘, 어렸을 때 아파본 기억이 환자를 치료할 때 가끔 떠오른다. 그때 내게 관찰 능력이 있었다면 어땠을까.

치료사에게는 몸이 매우 중요하다. 치료할 때 손과 몸을 많이 쓰기 때문이다. 앞서 체력의 중요성을 말했지만, 몸의 조건과 상태는 곧 치료사 일을 오래 할지 그만두고 다른 진로를 선택할지 가늠하는 기준이 되기도 한다. 치료사 일을 시작하기 전에는 통증도 없고 건강했는데 일하면서 환자가 되고 직업에 대한 회의감이 들기도 한다. 그 결과 그만두고 건강을 찾기 위해 노력하다가 몸이 괜찮아지면 다시 일하고 또 나빠지는 악순환을 겪는 사람도 많다. 내 주위에도 일하다가 몸이 아파서 그만두고 다른 직업을 선택한 사람이 한둘이 아니다. 치료사가 가장 먼저 할 일이 '내 몸 관찰'이라고 강조하는 이유다.

사실 어디 가서 치료사가 아프다고 말하기도 어렵다. 갑작스런 외상으로 문제가 된 경우는 어쩔 수 없지만, 무리에 무리를 거듭한 결과로 몸이 아프면 그저 난감할 따름이다. 항상 건강할 것 같은 몸도 언젠가 아프게 마련이다. 따라서 우리는 늘 치료보다 예방을 더 중시해야 한다. 그렇다면 어떻게 예방할까? 우선 원인을 찾아야 한다. 원인을 찾는 방법은 여러 가지 있겠지만, 그 첫걸음은 관찰이다. 환자 치료에 앞서 환자를 치료하는 나의 몸을 먼저 면밀히 관찰하고 좋은 상태로 유지하고 건강하게 살아야 한다.

귀는 둘, 눈도 둘

잘 들으면 치료에 유리하다

귀는 둘이고 눈도 둘이다. 누구나 아는 사실이다. 치료사는 눈으로 보는 것보다 귀로 듣는 것을 더 중시해야 한다. 귀로 관찰하다니, 이게 대체 무슨 뜻일까? 환자가 말하는 내용을 생생하게 그리면서 환자 상태에 영향을 주는 요소를 판별하는 과정을 말한다. 여기에 더해 귀로 관찰한 내용을 눈으로 확인하고 더하면 화룡점정이 된다. 환자 이야기는 생각보다 많은 정보를 준다. 이 정보가 문제 해결에 큰 단서가 된다. 치료사는 귀를 닫고 치료하는 것보다 귀 기울이고 눈으로 보면서 관찰해야 치료의 폭이 넓어진다.

70~90의 퍼센트 환자는 의료인이 그들의 병력을 잘 듣는 것만으로도 올바르게 진단하고 평가할 수 있다고 한다. 언제부터 고통이

시작됐는지, 어디서 다쳤는지, 어느 부위가 아픈지, 어떤 치료를 받았는지, 언제 어떻게 재발했는지 등을 말하는데 이런 정보는 치료를 위한 임상 의사 결정의 기초가 된다. 그런 다음 검사하고 평가해서 치료 방법을 결정한다. 눈으로 보는 관찰도 중요하지만 70~90퍼센트는 귀로 듣는 것만으로도 치료 계획과 그림을 그릴 수 있다는 뜻이다.

치료 계획 시 환자에게 무엇이 필요한지 정확히 알아내고 그가 처한 상황을 제대로 고려하면, 건강관리 결과가 향상된다고 한다. 이처럼 최상의 결과를 위해서라도 환자의 이야기를 잘 들어야 한다. 목표 설정을 할 때도 마찬가지다. 환자들은 대개 자신이 느끼는 불편함에 대해 자세히 이야기하고 싶어 한다. 이러한 점을 고려한다면 치료사는 다른 의료인보다 유리하다. 환자를 직접 주기적으로 만나서 치료할 기회가 많기 때문이다. 환자들은 치료사가 자신의 이야기를 잘 들어주고 공감해주면 긴장이 다소 풀리면서 적극적으로 치료에 임한다. 이럴 때 수동적 치료가 아닌 능동적 치료가 활성화되고, 효과도 커진다.

치료사가 환자의 이야기를 집중해서 들어야 하는 또 다른 이유는 피해야 할 금기사항을 확인하기 위함이다. 진료 시간이 짧은 경우 필수 정보가 차트에 기록되지 않는 경우가 종종 있다. 예를 들어 허리에 척추 유합술(두 개 이상의 척추를 고정해 안정성을 제공하는 수술 방법)을 했다는 이야기를 들으면 직접적으로 뼈를 교정하는 기술(manipulation)을 피해야 한다. 환자가 임산부라면 엎드리거나 배에 자극을 주는 치료를 하지 않아야 한다. 수술 여부와 암, 심장 질환 같은 중대한 질병 여부, 임신 여부, 기타 특이사항 등 의료 차트에 기록되지 않은 사항은 반드시 환자에게 물어보고 직접 들어야만 알 수 있는 영역이다.

적극적 듣기의 중요성

치료사는 단지 환자가 말하는 내용만 듣는 게 아니라 치료에 필요한 정보를 얻기 위해 적극적으로 들어야 한다. 즉 환자가 미처 하지 못한 이야기는 없는지 물으면서 대답을 유도해야 한다는 뜻이다. 사람들은 대개 병원에 오면 긴장하게 마련이어서 평소에 궁금했던 점이나 물어보려고 했던 점들을 종종 잊어버린다. 이런 이야기까지 다 해야 하나 고민하는 경우도 있다. 또 현실적으로 진료 시간이 짧아서 이야기를 충분히 못 하는 경우도 많다. 따라서 치료사들은 적극적 듣기를 통해 환자의 문제를 해결하기 위해 노력해야 한다.

이미 눈치챘겠지만 적극적 듣기에서 가장 중요한 것은 질문이다. 질문에는 개방형 질문과 폐쇄형 질문이 있다. 개방형 질문은 환자가 말하도록 격려하는 방법이고, 폐쇄형 질문은 "예" 혹은 "아니오"로 선택하거나 짧게 이야기하는 질문법이다. 예를 들어 "허리가 아픈가요?" "숨 쉴 때도 아프나요?" 같은 질문은 답변이 확장되지 않는다. 반대로 "허리가 어떻게 할 때 더 아픈가요?" "언제 어떻게 아프기 시작했는지 조금 더 말씀해 주시겠어요?"와 같은 질문은 환자가 편안하게 말하게 해주고, 적극적인 듣기의 판을 깔아준다(의사소통과 관련된 부분은 5장에서 자세히 다루겠다).

눈으로 관찰하며 재확인하다

이렇게 귀로 들으면서 눈으로 관찰한다. 환자가 이야기한 내용과 눈으로 관찰한 내용이 연관이 있는지 서로 일치하는지 판단한다. 눈으로 관찰할 때엔 얼굴표정도 살펴야 한다. 귀로 언어적 요소를, 눈으로는 비언어적 요소를 보는 것이다. 심하게 고통받는 환자는 표정이 어둡다. 아프면 짜증이 나거나 신경질을 낼 일이 많아서 저절로 화난 표정이 나온다. 만성 통증으로 고생하는 환자의 경우엔 무기력한 표정도 보인다. 통증이 있지만 밝은 느낌이라면 환자가 치료에 적극적으로 참여할 가능성이 있다.

눈으로 하는 관찰은 정적 자세, 동적 자세를 기본으로 한다. 여기에 체형을 살핀다. 정적 자세와 동적 자세가 쌓여 체형이 되는데, 정적 자세보다 동적 자세를 잘 살펴야 한다. 예를 들어 X-ray, CT, MRI 등 진단영상기기는 정적인 자세로 찍는다. 당연히 움직일 때 생기는 문제나 통증을 다 담아내지 못한다. 치료사가 동적 자세를 잘 관찰해야 하는 것은 이런 배경 때문이다. 이때 치료사의 진가가 발휘된다. 어깨 충돌 증후군(shoulder impingement syndrome)은 팔을 들어 올릴 때 날개뼈(견갑골)가 위팔뼈(상완골)이 부딪히며 충돌하는 것을 말한다. 어깨 충돌 증후군 환자는 팔을 들어 올렸을 때 날개뼈와 위팔뼈의 리듬이 2:1로 잘 일어나는지 본다. 날개뼈와 위팔뼈의 비율이 2:1로 나타나지 않고 부자연스러운 경우 근육 불균형과 힘줄,

인대 손상이 일어난다. 따라서 팔을 들어 올릴 때 각도마다 쓰이는 근육 상태를 살펴본다. 기능해부학과 운동학을 바탕으로 관찰할 때 기능과 움직임 분석을 통해 회복을 촉진하는 보존적 치료는 물리치료사의 주된 업무이자 핵심 역량이다.

평소 나는 스포츠 경기를 볼 때 선수들의 움직임을 살핀다. 컬링 같은 스포츠 경우 스톤을 처음 굴릴 때 쪼그려 앉는 동작을 취하는데 그 모습을 보면서 무릎 연골에 손상을 많이 주겠구나, 생각하곤 한다. 컬링 선수들은 무릎을 구부린 채 고관절을 회전하고 발을 움직이게 마련인데, 이렇게 무게 중심이 이동될 때 내·외측 무릎 연골이 어떻게 될지 상상하는 것이다. 관절, 근육, 인대에 어떤 영향을 미칠지도 생각한다. 미끄러운 얼음 위에서 중심을 잡거나 스톤이 더 잘 굴러가도록 빗질을 할 때 어깨와 팔, 손목 움직임도 살펴본다. 이렇게 종목 움직임과 체력요소, 손상 기전(부상의 발생 원인과 과정)을 생각한다. 그다음, 어떻게 하면 선수들의 몸에 무리를 가하지 않는 트레이닝이 가능할지 머릿속으로 프로그램을 만든다.

골프 중계방송을 보거나 선수들을 직접 평가할 때도 마찬가지다. 드라이버, 아이언, 퍼터를 사용할 때 관찰한다. 예를 들어 어드레스 때 옆에서 척추가 C 또는 S로 되지 않았는지 살펴본다. 백스윙, 탑, 다운스윙, 임팩트, 팔로우 스루, 피니쉬로 이어지는 스윙 연결 동작을 본다. 물론 우리 치료사들은 스윙을 교정하지 못한다. 그것은 물리치료 영역이 아니기 때문이다. 움직이는 기전을 통해 손상과 연결된 문제점을 찾는다. 직접 골프선수를 치료할 때엔 어떻게 치료할지 생각하고 골프 요소를 생각하며 치료한다. 또한 각 선수에게 어울리는 체력 요소를 채워주려고 노력한다. 더 궁금한 점들이 보일 때엔 관련 논문을 찾아 지식을 더한다.

축구, 야구, 배구, 농구, 태권도, 마라톤, 사이클, 수영, 피겨스케이팅 등 개인 스포츠인지 단체 스포츠인지, 또 접촉 스포츠인지 비접촉 스포츠인지 나눠서 관찰한다. 모든 스포츠 경기가 관찰 대상이 되는 셈이다. 환자 개인을 치료할 때의 관찰은 물론 스포츠 경기에서 선수들의 움직임을 관찰하는 것도 매우 흥미롭다. 이렇듯 눈으로 관찰할 때 눈만 사용하지 말고 귀까지 동원하여 관찰하는 연습을 하자. 두 귀와 두 눈을 사용해 사람의 현상이나 움직이는 형태를 주의하여 잘 살피면 치료사의 능력이 깊어진다.

환자의 습관과 환경을 셜록처럼 꿰뚫어라

습관은 몸에 흔적을 남긴다

명탐정 셜록 홈스는 의뢰인을 유심히 관찰하거나 범죄 현장을 꼼꼼하게 살펴서 단서를 발견하고 이를 토대로 범인을 찾아낸다. 셜록처럼 치료사도 환자 자체를 관찰하고 이를 통해 그의 습관과 환경을 꿰뚫어볼 줄 알아야 한다. 특히, 치료만으로 문제가 잘 해결되지 않을 경우 환자의 습관과 환경을 반드시 살펴야 한다. 이때 필요한 지식은 기능해부학, 운동학, 생체역학, 인체공학 등인데, 이를 입체적으로 연결하여 활용해야 한다.

습관은 하루아침에 형성된 것이 아니다. 한 번 굳어진 습관을 고치기 힘들다고 말하는 이유다. 치료를 옳은 방향으로 진행했다고 생각했는데 다시 원상태가 되거나 오랜 치료에도 불구하고 통증이 계속된다면 환자의 습관을 면밀하게 관찰해야 한다. 환자의 환경도 관심을 두고 살펴야 한다. 하루 중 많은 시간을 할애하는 직장의 환경과 가정환경을 살핀다. 환경엔 여러 의미가 포함된다. 먹는 것, 입는 것, 태도, 생각, 성향 등 거의 모든 것이다. 따라서 환자의 환경에 영향을 미치는 요소가 무엇인지 파악하는 일은 매우 중요하다. 습관과 환경은 특히 환자의 회복과 치료에 큰 영향을 미치므로 '관찰-평가-중재'의 모든 영역에서 반드시 고려할 요소이다.

먼저 가장 나쁜 습관은 가만히 앉아 있는 것이다. 현대 사회에는 앉아서 하는 일이 더 많다. 8시간 동안 일하는데 점심 먹으러 갈 때와 화장실 갈 때를 제외하고 미동도 없이 가만있는 경우도 흔하다. 우리 몸은 바르게 움직일 때 순환이 된다. 오래 앉아 있을수록 비만, 당뇨, 지방간 등 발생 확률이 훨씬 높아진다. 가만히 앉아 있으면 심장 마비는 약 55%, 직장암 걸릴 확률은 약 44% 높아진다고 한다. 또한 근골격계 질환인 허리디스크 질환, 어깨, 목 질환 등에도 좋지 않은 영향을 준다.

근골격계 질환 환자들을 살펴보면 대개 어느 한 부위를 무리하게 반복적으로 쓰거나 가만히 있는 습관에서 문제가 발생한 경우가 많다. 한 자세로 오래 있으면 근육, 힘줄, 관절 등이 굳고 뻣뻣해진다. 우리 몸은 자주 잘 움직여야만 유연해져서 충격을 흡수할 수 있다. 움직이지 않으면 이런 기능이 떨어진다. 따라서 앉아 있는 시간이 많은 사람이라면 자주 일어나 몸을 푸는 가벼운 스트레칭이라도 하게 지도해야 한다. 한 자세로 오래 앉아 있지 않도록 유도해야 한다. 가장 좋은 방법은 20~30분에 한 번씩 일어나 움직이는 것이다. 사무직 환자의 경우 치료해도 잘 낫지 않는다면 바르게 앉는 자세에 대한 지도가 필요하다.

스마트폰을 자주 하는 것도 나쁜 습관 중 하나다. 스마트폰은 게임, 인터넷 검색, SNS 활동 등 정지 자세로 할 수 있는 기능이 많은 일종의 만능 장난감이다. 그런데 학생들만 스마트폰을 손에서 놓지 않는 건 아니다. 성인도 마찬가지다. 중년 이상의 환자분 가운데도 유튜브를 보는 등 스마트폰에 시간을 오래 쓰는 사람이 많다. 이때 고개를 푹 숙이거나 웅크리는 동작이 일어나고 그 결과 나쁜 자세인 거북목, 일자목, 둥근 어깨, 굽은 등을 유발한다. 나쁜 자세가 꼭 통증과 기능 부전을 일으키는 건 아니지만, 통증이 있는 사람은 꼭 바른 자세를 취하면서 해야 한다. 통증과 기능 부전은 해부학상 이상적인 위치에서 벗어나면서 균형이 깨지고 자연치유력이 떨어지면서 발생한다.

체형에 영향을 미치는 자세는 그 밖에도 많다. 양팔을 구부려 포개는 팔짱 끼기, 바닥이나 의자에 앉을 때 종종 하는 양반다리, 한쪽 다리에 무릎을 구부려 올리는 다리 꼬기, 앉아서 양 무릎이 과도하게 벌려지거나 모으는 습관 등도 좋지 않다. 치료할 때 이러한 습관을 확인한다. 본인의 좋지 않은 자세를 떠올리게 하고, 그런 자세가 근골격계 질환에 영향을 미치는 이유를 설명해준다. 본인 스스로 의식해야만 자신의 습관을 관찰하고 예방할 수 있고, 이렇게 환자가 적극적으로 치료에 참여할 때 회복이 빨라진다.

일상 환경 돌아보기

업무 환경 개선에 대한 노력도 중요하다. 사무직에 종사하는 사람이 항상 서서 일을 볼 수는 없지만, 본인 몸에 맞는 책상과 의자를 고를 수는 있다. 물건 나르는 일을 하는 사람이라면 작업 방향을 바꿔본다. 왼쪽에서 오른쪽으로 물건을 나른다면 한쪽으로 머무르거나 고정된 발에 위치에 따라 몸이 틀어지게 된다. 이럴 때엔 의도적으로 방향을 바꿔본다. 허리를 많이 숙여서 물건을 든다면 작업대를 높여본다. 그러나 환경 수정이 불가능하다면 자주 자세를 바꿔주는 수밖에 없다. 환자와 업무 환경을 이야기할 때 최대한 자세히 업무 환경을 그리도록 유도한다.

사무직의 경우, 의자에 앉아서 사용하는 모니터의 위치, 의자의 높낮이, 의자 재질 및 형태, 발 받침 사용 유무도 물어보자. 모니터가 정면에 있는지 좌·우로 쏠려 얼굴, 목, 몸통이 회전되지 않는지 확인한다. 모니터가 여러 개 있는지도 물어보자. 모니터가 낮아서 고개를 숙이게 되는지도 물어본다. 의자 높낮이는 적절한지, 의자 바퀴가 고정된 형태인지 움직이는지도 물어본다. 의자가 딱딱해서 앉는 부위가 배기는지 내구성이 약해서 푹 꺼지진 않는지 물어보고 비대칭이 생길 수 있는 부분을 찾아낸다. 발 받침을 사용한다면 무릎, 고관절, 척추, 어깨, 목으로 어떤 영향을 주는지 알려준다. 치료사는 의자가 온몸에 영향을 미치는 원리와 이유를 설명해줘야 한다.

잠잘 때의 환경에도 관심을 가져야 한다. 침대나 베개를 관찰한다. 허리가 아픈 분은 돌침대처럼 딱딱하거나 너무 푹신해도 부담이 된다. 환자 중 주변에서 온열 기능이 있는 침대를 골랐다가 딱딱해서 오히려 더 허리가 불편해진 경우가 있었다. 좋아진다는 말에 샀는데 자고 나서 탈이 난 것이다. 베개가 높으면 목이 과도하게 구부러져서 근육 불균형이 생기고, 이것이 오래 쌓이면 관절 변형과 디스크 질환을 일으킨다. 기능성 베개라고 해서 모두에게 좋은 것은 아니다. 환자가 직접 제품을 체험해보고 골라야 한다.

취미 활동의 영향

일할 때 환경, 잠잘 때의 환경 외에 취미 활동도 물어보자. 어느 환자는 배드민턴 동호회 활동을 했다. 처음에는 일주일에 1~3회 하는 줄 알았다. 이야기해보니 일주일에 6번, 3~4시간씩 배드민턴을 한다고 하셨다. 주 20시간이 넘어가면 이게 취미인지 직업인지 헷갈린다. 누구에게나 몸에 밴 습관과 환경이 있다. 따라서 무엇이 문제인지 먼저 알아내는 것이 우선이다. 운동을 과하게 하는 사람에겐 시간을 줄이거나 운동할 때 생길 수 있는 문제점을 찾아줘야 하고, 문제를 최소화할 수 있도록 적절하게 조언해줄 수 있어야 한다.

요즘에는 많은 분이 은퇴 후 골프를 즐긴다. 취미라고 하지만 일주일에 4~5번씩 나가서 직업처럼 하는 분도 있다. 골프장을 오갈 때 오래 운전하는 것도 몸에 무리를 주고, 골프장에서 걷는 활동은 좋을지 몰라도 스윙 자체는 비대칭 활동이라 몸에 무리를 주기 쉽다. 스윙 기술이 문제일 수 있고 장비가 맞지 않아서 몸에 무리를 줄 수도 있다. 등산하느라 하루 종일 시간을 보내는 분들도 많다. 뿐만 아니다. 여러 종목의 운동을 하루에 다 하는 분도 있다. 취미 생활이지만 할애하는 시간이 많은 경우 환경과 습관을 파악하도록 꼭 필요한 조언을 해야 한다.

환자가 습관과 환경을 관찰할 수 있게 도와주고 상담을 통해 조언과 처방을 하는 역할도 치료사의 역량 중 하나다. 이쯤 되면 독자분들도 눈치챘을 것이다. 환자와 일상, 몸에 영향을 주는 모든 것이 관찰 주제라는 점 말이다. 따라서 사람에 관심을 많이 가져야 한다. 관심이 많으면 많을수록 치료가 수월해진다. 질환에만 초점을 맞추거나 통증과 기능만 생각하면 놓치는 것들이 늘어나기 때문이다.

이렇게 다 생각하려면 피곤하지 않을까, 라는 질문도 가능하겠지만 치료사가 할 수 있는 업무 범위가 확장되면 일의 즐거움과 보람도 늘어나게 마련이다. 관심과 상상이 곁들여진 관찰은 움직임 너머의 세상을 보게 해준다.

움직임이 대세라는데요?

물리치료사는 움직임 전문가

움직임(movement). 최근 10년 동안 현장에서 화두에 오른 주제다. 사실 움직임은 물리치료 영역에서는 매우 당연한 것이라 의견을 특별히 나누지 않는 단어이다. 세계물리치료연맹의 물리치료사 정의에도 최대 움직임과 기능적 능력을 제공하는 서비스를 한다고 하지 않는가? 움직임은 몸을 다루는 학문에서 인체에 효율성을 제공하기 위해 나름대로 분류한 개념이다. 움직임은 생명체가 살아가는 동안 살기 위해 일어나는 기본적인 동작이다. 예를 들어 심장은 움직이면서 혈액을 뿜고 온몸 구석구석으로 피를 돌게 해준다. 가만히 누워 있어도 폐와 피부 호흡을 통해 몸 안팎에 끊임없는 움직임이 일어난다. 근육과 관절이 조화롭게 쓰이며 움직이고 일한다. 물리치료사는 대학에서 다양한 공부를 통해 임상 현장에서 최적의 움직임 전문가로 거듭난다. 즉, 환자나 고객의 비효율적인 움직임을 교정하고 더 좋은 움직임을 위해 치료서비스를 제공한다. 이번에는 움직임에서 흔히 쓰는 용어를 치료 영역과 연결지어 이야기하려고 한다.

가동성, 안정성, 운동 조절

가동성은 영어로 'mobility'이다. 움직이기 쉬운, 이동성, 기동성, 운동성, 변동성, 유동성이라는 뜻으로 쓰인다. 어원은 라틴어로 movere(움직이다)와 −ity(성질·상태)가 조합된 단어다. 움직이는 상태 또는 성질. mobility가 movement와 같은 개념으로 보이지만 뜯어보면 의미가 다르다. 가동성은 안정성을 희생하지 않고, 모든 동작을 수행할 수 있는 능력을 의미한다.

가동성엔 관절 가동 범위와 근육 유연성이 필요하다. 뼈와 뼈 사이에는 관절이 있다. 우리 몸은 크게 머리, 목, 어깨, 팔꿈치, 손, 척추, 골반, 무릎, 발에 크고 작은 관절이 있다. 관절마다 크기만큼 형태만큼 역할이 다르다. 정교한 움직임일수록 관절이 뻣뻣하지 않고 부드러워야 한다. 움직임은 관절 간격이나 인대, 연골, 관절낭 등 조직에 영향을 받는다. 여기에 더해 근육의 역할도 중요하다. 인체는 약 650여 개의 근육으로 이루어져 있다. 근육은 짧아지거나 길어지고 때론 길이 변화 없이 힘을 발생시킨다. 근육 유연성이 좋다는 건 각 근육이 뭉치거나 짧아지지 않고 원활하게 움직인다는 뜻이다. 근육이 길어지면서 근육 파열이 일어나지 않고 조화롭게 움직임이 일어나야 한다.

관절과 근육은 톱니바퀴가 부드럽게 맞물려 돌아가는 그 이상의 정교함과 조화롭고 막힘없는 움직임이 일어날 때 가동성이 좋다. 치료사는 뭉친 근육을 손을 이용하거나 치료 기기를 이용해 풀어 준다. 상대적으로 짧아진 근육은 다양한 방법을 통해 늘린다. 관절이 뻣뻣하거나 제한된 경우 관절가동술(joint mobilization)을 통해 늘린다. 이 외에도 다양한 이완 테크닉을 이용해서 근육을 유연하게 한다. 가동성을 위해 치료사가 할 수 있는 일이 많다.

위에서 '가동성은 안정성을 희생하지 않고'라는 표현이 나온다. 안정성이 희생된 상태에서 가동성이 나오면 어떻게 될까? 예를 들어보자. 발레 무용수는 아름답고 우아한 동작을 유연하게 표현한다. 뻣뻣하고 안정성이 부족하면 몸에 탈이 난다. 유연해도 안정성이 뒷받침되지 않으면 문제가 된다. 유연성이 좋다고 해서 반드시 좋은 게 아닌 셈이다. 인체구조는 사람마다 차이가 있고, 버틸 수 있는 한계 범위와 역치가 있게 마련이다. 그래서 일정 부위를 반복해서 움직이거나 무리하게 범위를 벗어나는 동작을 많이 하면 손상이 생길 수밖에 없다.

안정성(stability)은 외부 힘과 변화에 몸이 변경되지 않게 하면서 정렬된 채 유지하는 능력을 말한다. 잘 버틴다는 느낌을 주지만 약간 복잡한 개념이다. 먼저 정렬에서 벗어나지 않아야 한다. 정렬(alignment)이란 가지런히 줄지어 늘어선다는 뜻인데, 신체에서는 다른 조직에 부딪히거나 손상되지 않게 일정하게 놓인 상태를 말한다. 정렬이 좋다는 건 해부학상 틀어지거나 벗어나지 않고 적절한 위치에 놓인 상태라는 뜻이다. 안정성이 좋은 움직임은 정렬을 유지하며 적절하게 움직이는 것을 말한다. 이를테면 척추는 목, 허리 척추에서는 옆에서 봤을 때 C자 형태인 앞으로 완만하게 곡선으로 만곡(curve)인 전만, 등 척추는 반대로 뒤로 만곡된 후만을 이룬다. 인체는 각 척추 부위에서 제 위치를 지키며 움직여야 한다. 예를 들어 척추 뼈 하나가 정렬된 해부학적 위치보다 앞으로 밀려나가 있으면 척추전방전위증이 된다. 정렬은 좋지 않지만 통증이 없을 수 있고, 움직임도 잘 표현할 수 있으므로 다소 모호하다. 그래서 안정성은 더 복잡한 개념이다.

안정성엔 근력, 근지구력, 균형이 필요하다. 근력(strength)은 근육이 활성화되거나 수축한 힘을 말한다. 근지구력(endurance)은 근육을 오래 쓰는 능력이다. 균형(balance)은 기울거나 치우치지 않고 고른 상태다. 예를 들어 한 발 서기에서 몸이 흔들리지 않고 유지하는 것 이상이다. 자세히 살펴보면 주동근, 길항근, 협력근과 뼈, 관절 간의 조화, 고유수용기, 신경의 적절한 역할 등 좀 더 고차원적인 개념이다. 주동근은 관절이 움직일 때 주로 쓰이는 근육을 말하며, 협력근은 주동근을 보조하는 근육을 말한다. 길항근은 주동근의 반대 작용을 하는 근육이다. 아래 그림의 예를 보면, 덤벨을 들고 팔꿈치를 구부려 운동할 때 주동근은 알통으로 불리는 상완이두근과 상완근이다. 이를 상완요골근이 협력근으로 쓰이고, 길항근으로 팔꿈치를 펼 때 쓰이는 삼완삼두근이 쓰인다. 팔꿈치는 펼 때 주동근은 반대로 상완삼두근이 되며, 상완이두근과 상완근은 길항근이 된다. 고유수용기는 내 몸의 위치, 상태를 느끼는 감각을 받아들이는 수용기로 근육에 위치한다. 우리 몸은 근력, 근지구력, 균형이 골고루 잘 쓰일 때 안정성이 좋다고 할 수 있다. 근력, 근지구력, 균형이 조화를 이루게 하는 치료 방법엔 각각 차이가 있다.

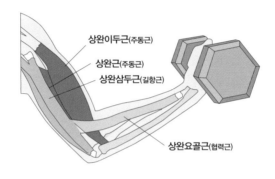

인체의 근육

물리치료사가 환자의 안정성을 위해 해줄 수 있는 치료는 다양하다. 운동 조절(motor control)을 통한 운동치료도 가능하고, 기능훈련을 통해 안정성을 길러줄 수도 있다. 신경해부학, 신경과학 지식을 기초로 운동 학습을 통해 근력, 근지구력, 균형을 치료할 수 있다. 가동성과 안정성 중 어떤 것을 먼저 해줘야 하는지에 대해 대개 가동성 다음 안정성이라고 한다. 치료사는 움직임을 관찰하고 분석, 평가를 통해 어느 부분이 중요한지 임상 의사 결정과 치료를 할 수 있다. 우선순위를 정해 접근하고 때론 동시에 할 수 있다.

예를 들어 목 디스크 환자가 목 척추가 불안정한 경우 어느 척추 분절에서 불안정하고 상대적으로 다른 척추 분절은 가동성이 필요한지를 판별할 수 있다. 환자 재활뿐 아니라 이를 바탕으로 스포츠 선수나 무용가 등이 표현하는 퍼포먼스와 고차원적 움직임을 돕는다. 고차원적 움직임은 댄서가 비보잉을 하거나 오히려 미묘한 관절 움직임을 표현하는 모습을 예로 들 수 있다. 치료사는 무용수가 발목과 고관절 안정성이 불안해 한 발로 서는 동작을 못하거나 몸통 중심 근육이 약해 자세를 유지 못하는 걸 분석해 맞춤 트레이닝을 할 수 있다. 이렇듯 치료사의 역할은 무궁무진하다.

운동 조절은 움직임을 잘 제어할 수 있는 개념이다. 이는 운동학과 신경학 용어에서 쓰인다. 모든 신체 부위는 신경학적으로 연결되어 있고, 뉴런(neuron)을 통해 뇌와 연결된다. 우리의 뇌는 신체 부위를 지도화(mapping) 한다. 뇌와 각 신경 영역은 서로 이어지는데, 이때 뇌는 지각, 인지, 해석 등을 통해 신경에 적절하게 신호를 보낸다. 그러면 이 신호들이 근육, 관절 등 운동에 필요한 조직이나 능력을 조절한다. 즉 구조적으로 뇌와 연결되고, 운동 조절하는 능력은 뇌를 포함한 신경계가 결정한다.

외상이나 충격으로 인해 자극이 뇌로 곧장 전달되어 지각하고 인지하고 해석하는 과정이 바뀌면 우리 몸은 다른 형태로 움직이게 된다. 왜냐하면 뇌가 만든 지도가 바뀌는 셈이기 때문이다. 그러면 몸에서 보상 작용(compensation)을 일으켜 다른 움직임이 생긴다. 결국 가동성, 안정성, 운동 조절 등 움직임에 필요한 것들이 뇌를 포함한 신경계에서 영향을 받게 된다. 물리치료사가 되기 위해 신경해부학, 신경과학을 배우는 배경이 바로 이것이다. 즉 이 분야들이 신경계 질환이나 마비 환자를 치료하는 영역에서만 강조되는 게 아니라 몸을 다루는 대부분의 분야에 쓰이기 때문이다.

움직임과 통증 관계

이번에는 움직임과 통증의 관계를 알아보자. 좋은 움직임엔 통증이 없고, 나쁜 움직임이면 통증이 있을까? 얼핏 그런 듯 보이지만 여기에도 개인차가 있다. 과거에는 통증이 손상을 입거나 자극을 받아 뇌로 전달시켜 일어난다고 생각했다. 통증을 받아들이는 뇌 영역이 있고 이를 조절하면 치료할 수 있다고 여긴 것이다. 이후 통증 전달 이론 중 관문조절 이론은 신경이 지나가는 자극을 관문처럼 선택적으로 차단하여 통증을 조절한다는 학설이다. 예를 들어 상처가 난 통증보다 다른 자극을 먼저 줘서 통증보다 먼저 통과시킨다. 병원에서 주사를 맞고 주사 부위를 문지르면 아픈 느낌이 완화되는 것과 비슷한 원리다. 그러나 시간이 지나면서 관문 조절이론도 한계가 있음이 밝혀졌다.

관문조절 이론을 발표한 멜작(Ronald Melzack) 박사는 '통증 신경 매트릭스'를 새로 발표했다. 통증은 여러 뇌 영역에 걸쳐 인지, 해석, 기억, 반응 등을 이끄는데, 결국 우리의 뇌가 통증으로 볼지 아닐지 결정한다는 내용이다. 외부 충격이나 손상으로 통증이 무조건 발생하는 게 아니라 뇌가 판단하고 반응한다는 것이다. 이는 다친 곳을 파악하여 해결하면 문제가 사라지는 게 아니라 여러 변수가 있고 방법 또한 다양하다는 것을 알려준다.

움직임이 나빠도 뇌가 통증을 일으키는 자극이 아니라고 인지하고 해석하면 통증이 없다. 반대로 움직임이 좋아도 심리적인 문제로 통증을 일으킬 수 있다. 따라서 신경 매트릭스 관점에서 보면 움직임과 통증은 비례하지 않는 듯 보인다. 대개 사람들은 손상 정도와 체형이 안 좋거나 나쁜 움직임이면 통증도 비례한다고 생각하는데 이런 오해를 수정해줄 필요가 있다. 뇌 영역과 운동, 통증 관계에 대한 연구는 여전히 진행 중이다. 움직임과 통증 관계에도 연구가 더 필요하다.

움직임은 인간이 살아 숨 쉬는 동안 계속 일어난다. 움직임이라는 주제가 이제 여러 건강 분야에서 자연스럽게 이야기되고 있다. 움직임은 우리 몸의 자연스럽고도 본질적인 개념이다. 치료사는 움직임 전문가로 여러 분야에 영역을 더 넓힐 필요가 있다. 우리 움직임이 어떻게 일어나는지, 왜 일어나는지, 더 좋은 움직임을 위해 어떻게 해야 하는지 등 움직임에 대한 구체적인 생각을 해봐야 한다. 움직임은 물리치료사가 가장 잘할 수 있는 영역이기도 하다.

가족, 보호자를 관찰하다

함께 오랜 시간을 보내는 사람들에게 주목하라

환자는 사고나 외상으로 병원을 찾아온다. 어느 날 갑자기 아파서 오기도 한다. 이때 혼자 오는 경우도 있지만 혼자 움직이기 힘들면 가족 또는 보호자와 함께 온다. 한 지붕 아래 함께 사는 가족은 생활양식, 구성원별 역할을 공유하며 서로 영향을 받는다. 보호자는 가족이 대부분이지만 연인이나 돌봄 종사자가 도움을 주기도 한다. 병원에 입원하거나 장기간 치료를 받는 경우 가족이나 보호자를 잘 관찰하면 치료 아이디어를 얻기도 한다. 적절한 조언을 통해 간접 도움을 줄 수도 있다.

유전은 몸에 영향을 줄까? 체형과 유전을 키워드로 하는 논문을 찾아보면 허리 척추에서 앞쪽으로 완만한 곡선으로 만곡(curve)

된 전만 각도와 옆으로 구부림(측굴)이 관련성이 있다고 한다. 흥미롭게도 신체, 질환 등 유전적인 많은 부분을 물려받을 것 같지만 유전적 요인은 10~30퍼센트라고 한다. 생각보다 적다는 결과에 놀랐다. 대신 행동양식을 물려받는다고 한다. 오랫동안 살면서 식습관, 생활습관, 가치관 등을 공유하기 때문이다.

자녀는 부모의 체형을 닮는다. 언젠가 거북목과 굽은 등이 심했던 중학교 1학년생이 부모님과 함께 왔다. 가족 체형이 비슷했다. 처음부터 굽은 형태로 태어나진 않았을 것이다. 부모 잘못은 아니지만 아이가 은연중 배웠을 게 틀림없다. 그래서 나는 체형 교정이 필요하다고 판단된 환자의 경우 부모님에게도 함께 교정하길 권한다. 아무리 좋은 자세를 취하고 운동을 해도 다시 돌아가는 경우는 환자가 다시 잘못된 자세를 취하기 때문이기도 하지만 가족의 생활양식에 밀접한 영향을 받는 탓이다. 따라서 치료 효과를 보려면 가족이 함께 노력해야 한다.

50대 엄마와 20대 딸인 모녀가 치료 대기실에서 기다리고 있었다. 두 사람 모두 다리를 꼬고 팔짱을 끼고 있었다. 심지어 다리를 꼰 방향도 같았다. 물론 우연일 수 있지만, 모녀가 너무도 닮았다는 점이 흥미로웠다. 두 사람은 목과 허리가 좋지 않았다. 치료를 마치고 나서 팔짱을 끼거나 다리 꼬는 자세를 평소에 누가 더 많이 하는지 서로 관찰해보라는 과제를 내주었다. 두 번째 방문했을 때 이야기를 들어보니 엄마의 승리였다. 이후에 가르쳐드린 것도 아닌데 새로운 잘못된 습관을 딸이 엄마에게 지적했다. 엄마는 고개를 푹 숙이면서 스마트폰을 볼 때마다 딸이 잔소리한다고 하소연하셨다. 그래도 잔소리 덕분인지 스마트폰 하는 시간을 줄이고 위치도 눈높이로 조정하셨다. 이렇듯 가족은 서로 닮기도 하고 영향을 미친다.

가족끼리는 구성원 간 역할이 있다. 환자 중 부모님과 오빠와 사는 분이 있었다. 본인은 빨래 담당이라 세탁기를 돌리고 건조대에 너는 일을 한다고 했다. 마르고 근육양이 다소 부족한 체형을 가진 분이었는데 허리 때문에 고생했다. 야근이 잦았고 집에서도 매일 세탁기를 돌린다고 하셨다. 허리를 구부리고 세탁기에서 젖은 빨래를 꺼내 바구니에 담는 일 등등 몸을 구부렸다가 펴는 동작을 반복하는 게 무리일 듯했다. 집안일을 다른 종류로 바꿔보는 게 좋겠다고 제안했다. 결국 엄마와 빨래 일을 나누기로 해서 일주일에 본인이 두 번 하는 대신 설거지를 추가하기로 했다고 한다. 시간이 지나 전보다는 허리 회복에 도움이 됐다는 소식을 전했다.

50대 초반 여성은 목, 어깨, 손목, 허리 통증이 있었다. 남편이 낙상사고를 입어 척수 손상으로 병원에 3년여 입원 중이라고 했다. 경추 6번, 7번 레벨이라 모든 일상생활에서 아내 도움이 필요했다. 운동치료실에 갈 때나 평소 식사하는 데도 아내 도움이 필요했다. 사고는 어쩔 수 없는 부분이다. 배우자들은 서로 도울 수밖에 없다. 그분의 경우 매일 남편을 돌보느라 본인 몸이 여기저기 아프기 시작했다고 한다. 건강했던 몸도 3년 동안 남편을 돌보고 나니 몸에 도미노현상이 왔고 탈이 났다. 치료를 해도 호전되지 않았다. 간병인에게 도움을 받는 건 어떠신지 조심스레 말씀드렸다. 그분은 결국 간병인의 도움을 받게 되었고, 그 뒤로 조금씩 몸이 편해졌다고 했다.

가족, 보호자의 중요성

치료를 하다 보면 밑 빠진 독에 물 붓는 것 같은 상황이 있다. 매번 주사를 맞거나 약을 먹을 수도 없는 노릇이다. 치료를 해도 그때만 조금 낫고 되돌아가는 경우가 흔하다. 잦은 야근이나 장시간 운전, 무거운 물건 들고 나르기 등 같은 일을 반복하는 경우에 특히 그렇다. 이런 일들은 가족이 대신해주기 어렵지만 간병을 하거나 집안일을 나눠서 하거나 줄이는 일은 가족끼리 충분히 분담할 수 있다.

가족 중 환자가 생기면 처음에는 의지하고 돕지만 시간이 지나면서 가족 간 불협화음이 일어나곤 한다. 이는 환자 심리에 영향을 미친다. 가족 중 누군가 통증으로 불편하면 두려움을 은연중에 습득한다고 한다. 배우자 간 다툼이 허리 통증 회복과 신체활동에 방해가 될 수 있다는 보고도 있다. 치료 대화 중 환자는 본인이 짜증을 내거나 신경질적이지 않았는데 아픈 후로 성격이 바뀐 것 같다고 말했다. 임상에서 이런 말을 꽤 듣는다. 몸이 아프고 움직이기 힘들면 마음도 병들게 되고 성격이 변하기도 한다.

한 환자는 집에서 잔소리를 들으면 통증이 심해진다고 했다. 퇴근하고 집에 가고 싶지 않다고도 했다. 스트레스는 통증을 더 증가시킨다는 연구 결과가 있다. 부부가 오래 병원을 다닌 경우를 보자.

아파서 서로 예민해져 있는 상태이다 보니 보기만 하면 싸우는 날들이 많아졌다고 한다. 심리적으로 영향을 많이 받는 예민한 분들에겐 정신건강의학과에 진료 상담을 권하기도 한다. 환자 중 우울, 불안, 강박 증상이 있는 경우 심리 상담을 병행하면서 치료를 받으면 회복도 빠르다. 물리치료사로서 관찰하다가 심리 상담이 필요하다고 느끼면 의사 선생님에게 전달하거나 조심스레 직접 권유해 보는 것도 괜찮다.

사람들은 대개 몸이 아프면 다른 누군가에게 의지하고 싶어 한다. 처음에는 가족에게 그리고 병원에서는 의사, 치료사에게 의지한다. 환자의 치료는 혼자 힘으로 해결되지 않는 경우가 많아서 가족이나 보호자의 도움이 필수다. 가족, 보호자와 연관지어 관찰한다는 게 생소할 수 있지만 생각보다 많은 사람이 가족에게 의존적이다. 환자 당사자가 아닌 가족이 와서 먼저 묻고 상담하는 경우도 있다. 어떤 분은 자신은 아파도 상관없지만 가족이 고통 받지 않았으면 좋겠다고 말하기도 한다.

치료사의 역할과 업무 범위는 과연 어디까지일까? 명확하게 선을 그을 수는 없지만, 가족과 보호자를 관찰하면서 환자 이야기에 귀를 기울이고 조언을 해드리면 좋을 것이다. 치료사는 치료를 더 나은 방향으로 이끌기 위해 가족과 보호자 사이를 중재하는 역할도 해야 한다. 물리치료엔 넓은 의미로 건강 상담도 포함되므로 관련 공부를 통해 유용한 정보를 전달하면 좋을 듯하다. 이때 무분별하게 권하기보다 치료사와 환자 간 친밀한 유대감을 형성한 후에

조심스레 이야기하자. 환자를 우선하는 마음으로 노력하면 진심이
통하고 회복에 도움이 된다.

옵저버(observer), 치료를 관찰하다

병원 실습의 역할, 옵저버

치료를 관찰하는 게 익숙하지 않은가? 물리치료학과엔 교과 과정에 임상 실습이 있다. 학교마다 다르겠지만 2번 정도 학기 중이나 방학 중에 병원이나 몇몇 기관에서 몇 개월 동안 실습을 한다. 옵저베이션(observation), 즉 관찰을 하루 종일 하고 간혹 직접 실습을 한다. 임상에 나오면 직장에서 동료가 환자에게 하는 치료를 관찰해보자. 공간이 다 나눠져 있어서 직접 보기 힘든 경우도 있지만 선배 치료사에게 양해를 구해서 치료하는 모습을 관찰해보자. 탁 트인 공간에서 동료들이 일하는 걸 볼 수 있으면 더 좋다.

나는 첫 병원 실습을 S병원으로 나갔다. 가고 싶어 하는 학생이 많아서 꽤 치열했던 기억이 난다. 가위바위보에 이겨서 운 좋게 갈 수 있었다. 대형 대학 병원으로 성인 재활, 소아재활, 통증치료, 수치료 부서를 돌면서 옵저버가 됐다. 물리치료사가 맡는 여러 업무 과정을 관찰할 수 있는 좋은 기회였다. 물론 학생 신분으로 기초 지식이 부족하여 뇌가 선택적으로 정보를 받아들인 탓에 좋은 기회를 백 퍼센트 활용하진 못했다.

성인 재활에서는 신경계 질환 환자를 주로 치료하는 모습을 봤다. 규모만큼 많은 치료사와 환자가 오간다. 코끼리라 불리는 좌식 자전거, 높낮이가 조절되는 경사 테이블을 이용하는 법을 배웠다. 실습 시에는 치료 외에 단순 업무만 할 수 있었다. 정식 치료사가 아니기에 환자를 치료할 수는 없다. 환자를 휠체어에서 치료 테이블로 이동시키는 트랜스퍼(transfer)를 직접 했고, 대부분의 일에선 보조 역할을 맡았다. 치료사들을 도우면서 역학과 움직임을 고려하지 않으면 허리에 무리가 간다는 걸 몸소 체험했다.

소아 재활은 신세계였다. 말 그대로 어린아이들이 재활을 하는 곳이다. 소아 재활 부서가 있는 병원이 많지 않기에 나에게는 매우 좋은 경험이 되었다. 놀이처럼 소도구를 이용해 흥미를 유도하고 치료하는 모습을 지켜볼 수 있었다. 아이 중심 치료실인 만큼 동선과 정서를 고려한 치료실 구조와 치료 방법이 눈에 띄었다. 아이 엄마에게 직접 설명해주고 보호자와 함께 호흡하는 모습이 꽤나 인상적이었다. 아픈 아이들이 생각보다 많았고, 이들이 가족과 어떻게 지내는지 관찰할 수 있었다.

수(물)치료는 작은 풀(pool)에서 부력 도구를 이용하거나 치료사가 저항을 주며 환자를 치료하는 방법이다. 물속에 같이 들어가서 보조도 해주고 수치료 원리나 방법 등을 배웠다. 통증 치료는 팩 치료, 전기치료, 간단한 운동 등으로 이루어졌다. 학교에서 책으로 이론 공부를 하고 어설프게 치료 실습을 하다가 실제 병원 실습을 나오니 여러 생각이 교차했다. 그중 하나는 졸업하고 과연 내가 잘할수 있을까, 하는 생각이었다. 아는 게 별로 없는데 전문적인 지식을 갖추고 환자에 맞춰 열정적으로 치료하는 치료사가 될 수 있을까가 걱정이었다.

실습은 추억을 남기고

여전히 기억에 남는 에피소드가 있다. 대학 때 머리를 길러보자는 생각에 한동안 장발이었던 때가 있었다. 앞머리를 내리면 턱까지 내려오고 뒷머리는 어깨에 닿을 만큼 길었다. 당시 내 머리 스타일을 눈에 거슬려 하던 선생님이 있었다. 옵저버를 하고 있으면 볼 때마다 "니가 락커(rocker)냐?" 하며 핀잔을 주셨다. 항상 머리를 자르라고 했는데 나는 애써 기른 머리가 아까워 버텼다. 나중에는 치료사보다 다른 직업을 택하는 게 어떠냐고 이야기하셨을 정도다. 결국 나는 실습 종료를 이틀 앞두고 머리를 잘랐다. 그러자 선생님이 정말 좋아하셨다.

학교를 졸업하고 반대로 치료사가 되어 병원에 있을 때 실습생들이 왔다. 내가 학창시절 그랬던 것만큼 락커 스타일 머리를 한 학생은 없었지만 단정하지 않은 학생들도 더러 있었다. 그 모습을 보면서 그때 그 선생님이 어떤 기분이었을지 짐작이 되었다. 치료사에겐 치료 실력만큼 단정하고 깔끔한 용모가 필요하다. 어쨌거나 사람을 대하고 치료 서비스를 하는 전문가이기 때문에 겉모습에서도 환자에게 신뢰를 주려는 노력이 필요하지 않을까?

두 번째 실습은 근골격계 질환 환자를 대상으로 주로 도수치료를 하는 센터로 나갔다. 손으로 하는 치료를 가까이에서 관찰하고 직접 설명을 들으니 재밌었다. 환자가 회복하는 과정을 지켜보고 치료사에게 고마워하는 모습들을 보면서 '내 길은 이거다'라는 생각이 잠시 들었다. 지금도 존경하는 정말 치료를 잘하는 K 선배 치료사를 보니 희망이 보였다. 실습 내내 하루 종일 서 있고, 과제도 하고 공부를 해야 했지만 직접 관찰하면서 치료사가 어떤 일을 하는지 생생하게 볼 수 있었다. 이는 진로를 설정하는 데도 큰 도움이 되었다.

치료사의 치료사 관찰

치료사가 하는 치료를 관찰하는 건 여러모로 좋다. 먼저 경험을 쌓은 선배 치료사가 어떻게 치료하는지 보면서 치료 아이디어를 얻을 수 있다. 궁금해서 물어보면 친절하게 답변해주니 좋고, 이야기를 하는 과정에서 목적과 원리도 알 수 있으니 금상첨화였다. 갓 졸업한 연차가 짧은 치료사들은 치료 기술과 응용 능력이 부족할 수밖에 없다. 이때는 학회 교육을 들어도 정확한 도움이 안 된다. 어느 환자에게 어떤 적절한 치료를 적용해야 하는지 판단하고 결정하는 데 아무래도 부족할 수밖에 없지 않은가? 물론 개인차도 있다. 따라서 연차가 적을 때엔 어깨 너머로 관찰하면서 익혀가는 노력이 필요하다.

시간이 지나면서 내 치료를 후배들이 보는 경우가 많아졌다. 돌고 도는 치료사의 치료 모습과 관찰. 관찰은 끝이 없다. 환자 관찰은 기본이고, 행정 업무도 관찰해야 한다. 직접 물어보고 배우면 더 좋다. 나 역시 치료 마인드가 좋은 선배 치료사를 닮기 위해 노력했다. 환자를 대하는 태도나 치료사의 자세도 함께 배웠다. 눈에 보이는 것, 귀로 듣는 것, 이 모두가 관찰과 경험이 된다. 함께 일하는 사람들을 유심히 관찰하는 습관을 들이자.

한 선배 치료사는 휴대용 핫팩을 주머니에 넣고 다녔다. 치료 전이나 후에 항상 몸에 대고 있었다. 처음엔 '추위를 많이 타나보다'고 생각하다가 기회가 닿아 물어봤다. 선배는 "손이 차가운 편이어서 환자들 치료할 때 차가운 느낌을 주기 싫어서."라고 대답했다. 손이 따뜻하면 여러모로 좋다. 나도 손이 따뜻한 편이 아니어서 따뜻하거나 큰 손을 가진 치료사가 부럽다. 치료사로서 타고난 손이기 때문이다. 나는 손바닥을 비벼 마찰열을 내는 편이다. 손이 차가워서 핫팩을 대고 있었던 선배는 지금도 어디선가 환자를 위해 손을 데우고 있을 것이다.

운동을 많이 했던 선배도 있다. 그는 치료사인지 트레이너인지 헷갈릴 정도로 근육이 많고 굉장했다. 웨이트 트레이닝을 주기적으로 하던 분이었는데, 늘 본인이 좋아서 하는 거라고 했다. 그는 힘이 넘치는 만큼 열정적으로 치료에 임했다. 체력이 좋은 치료사는 환자에게 수준이 일정하게 보장된 치료를 제공할 수 있다. 체력이 부족하면 치료의 일관성이 줄어든다. 그 선배도 좋은 치료를 제공하기 위해서 노력한 것이다. 치료사에겐 체력관리와 자기관리가 중요하다.

임상에 막 나온 치료사들은 선배 치료사를 잘 관찰하며 배워가면 좋겠다. 선배에게 지금도 배운다. 배움엔 위아래가 없다. 후배에게 배우기도 한다. 배우기의 기본은 두말할 필요 없이 관찰이다. 관찰을 통해 의미도 찾고 아이디어도 얻을 수 있으니 일거양득 아닌가? 관찰은 무심하게도 하고 유심히도 해보자. 힘을 빼고 열린 마음으로 관찰하다 보면 직접 치료하는 것보다 더 많은 걸 배울 수 있다. 관찰을 토대로 치료를 응용해보면서 이를 환자에게 적용해보자. 일상의 모든 순간이 치료의 시작과 끝이 될 수 있게 해주는 것이 바로 관찰의 힘이다.

그만두고 싶었던 순간_3, 6, 11개월에 찾아온 퇴사 욕구

신입 때 위기가 찾아왔다. 입사 후 3개월, 6개월, 11개월 때였다. 1월에 입사했다. 사수가 장염으로 2주 정도 없었다. 팀장님께 업무를 배우고 동기와 일을 시작했다. 어설펐다. 손에 익지 않으니 잘될 리 만무했다. 잘하는 게 이상했다. 그때는 학교 지식이 어떻게 임상에 적용되는지 몰랐다. 연결된다는 걸 알았어도 시험을 위한 지식이어서 이해보다 암기 위주였다. 막막했다. 사고만 치지 말자는 생각으로 일했다. 그런 와중에 사수가 돌아왔다. 나와 동기에게 세세하게 신경 쓰며 잘 챙겨주었다. 든든한 선배들과 여러 동기들이 있어서 좋았다.

3개월이 되니 업무가 익숙해졌다. 나름대로 열심히 치료했고 환자에게 친절하게 응대하려고 노력했다. 어느 날 발표를 해야 한다는 통보를 받았다. 입영 통보보다 강렬했다. 동기들끼리 돌아가면서 하는 〈기능해부학 및 운동학〉 발표였다. 부담이 되었지만 2인 1조로 한 챕터를 요약 발표하는 거라 괜찮았다. 문제는 환자 케이스 발표였다. 의사, 물리치료사, 작업치료사 모두 참석해서 발표하는 자리였다. 환자 케이스 발표는 내가 치료하는 입원 환자를 선정하고 부탁해서 S.O.A.P 노트 형식으로 발표해야 했다.

S.O.A.P는 주관적 정보(Subjective), 객관적 정보(Objective), 평가(Assessment), 계획(Plan)의 앞 글자를 딴 것이다. 치료 과정을 문제 해결 방식으로 기록하는 방법이다. 환자 1명을 직접 인터뷰하고 필수 평가와 추가 평가를 한 후 계획을 직접 짜서 발표하는 식이었다. 머리가 터지는 줄 알았다. 스트레스가 이만저만 아니었다. 퇴사가 간절했다. 동기가 발표 때 물어뜯기고 겪은 수모를 보고 공포가 학습되었나 보다. 스트레스를 먼저 겪은 동기는 이죽대었다. 사수가 준비를 도와줘서 어찌 발표는 했지만 나 또한 갈기갈기 뜯겼다. 준비하면서 공부가 많이 됐지만 발표 전날 퇴사를 하고 싶었다.

6개월째였다. 이번에는 대학 동기들을 만나면서 퇴사 욕구를 느꼈다. 배우겠다고 들어간 병원이지만 월급은 적었다. 다른 동기들이 내 월급보다 2배 가까이 되기도 했다. 젊으니까 괜찮다고 생각하고 일했지만 막상 만나 보니 차이 나는 급여에 현실이 눈에 들어왔다. 동기는 위로하며 배우는 게 좋은 거라고 말했다. 돈을 위해 사는 건 아니지만 미래에 대한 걱정은 조금 있었다. 일을 하고 있어도 불확실한 미래를 생각하면 이런저런 생각이 깊어졌다. 마음을 다 잡게 된 계기는 치료실 생활이 정신없이 흘러가서다. 일하고, 공부하고, 운동하면 일주일이 빡빡했다. 그렇게 더는 생각할 겨를 없이 위기를 넘겼다.

11개월이 되었다. 예전에 한 직장에 입사 일 년이 다가오면 퇴사 고민을 많이 한다는 이야긴 들었다. 일 년 경력을 채워야 다음 직장을 가는 데 문제가 안 생기니 채우고 그만두기 전 고민한다는 거였다. 다양한 경험을 쌓고 싶어서 이직하거나 다니는 직장이 힘들거나 적성에 맞지 않아서 그만둔다고 한다. 나는 딱히 직장에 불만은 없었다. 다만 다양한 경험을 쌓기 위해 다른 직장으로 옮겨야 하나라는 생각은 들었다. 연차가 쌓이면 직장을 옮기기 힘들다는 이야길 들어서다. 실제로 입사 동기 중에 퇴사 하는 치료사들이 생겼다. 동기들은 다양한 개인 사정으로 그만뒀다. 싱숭생숭한 기분과 이직을 해야 하나 채용 정보를 보고 있는 나를 발견했다. 퇴사 욕구는 있었지만 배울 수 있고 치료사 간 분위기도 좋아서 계속 일했다. 신입 때는 언제나 위기가 생긴다. 젊기도 하고 기회도 많고 생각이 많아서겠지.

3장
전문가의 필수 조건은 평가 능력

치료 환경을 탓하지 말고
나를 돌아보자

평가의 흐름

평가는 일정한 기준을 바탕으로 다양한 조사를 통해 판단하는 과정을 말한다. 평가는 치료의 핵심 과정이다. 평가는 환자에게 어떤 문제가 있는지 상태를 알 수 있게 해준다. 통증과 기능 제한의 원인이 무엇인지 파악할 수 있고 더불어 아픈 곳이 여러 부위일 때 어느 부분부터 시작할지를 결정할 수 있다. 평가는 진단, 검사, 측정 과정이기도 하다. 평가 결과를 토대로 환자나 의뢰인에게 가장 알맞은 치료 목표, 계획, 치료 방법을 세울 수 있다. 일종의 나침반 역할을 하는 셈이다. 적절하고 지속적인 치료를 위해서 평가는 반드시 필요하다.

병원 시스템상 치료 시간이 짧아서 평가를 등한시하기도 한다. 그러나 평가를 치료 환경 탓으로 돌리는 태도는 옳지 않다. 필요한 부분을 선택적으로 평가할 수 있도록 능숙하게 될 때까지 꾸준히 훈련해야 한다.

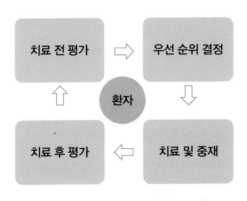

물리 치료사의 치료 평가 과정

치료 절차는 일반적으로 치료 전 평가(초기 평가) → 우선순위 결정 → 치료 및 중재 → 치료 후 평가(재평가) 순으로 이루어진다. 치료 과정 중 평가 항목인 치료 전 평가, 우선순위 결정, 치료 후 평가가 있다. 평가가 없다면 우선순위도 정할 수 없다. 또한 치료 전후를 비교할 수도 없다. 환자에게 적절한 치료를 했는지 기준이 없어지는 셈이기 때문이다. "통증이 줄었다"처럼 주관적인 요소인 환자의 이야기에만 의존하면 안 된다. 올바른 방향으로 가고 있음을 확인하고 안내하는 게 평가이다.

치료 평가 과정에서도 환자가 중심이 되어야 한다. 환자를 우선으로 생각하고 의견을 최대한 반영해 평가하고 치료한다. 간혹 평가 결과 후, 치료사의 결정 아래 환자의 주 호소 사항이나 요구를 소홀히 한 채 치료하기도 하는데, 이때 환자의 불만이 생긴다. 치료사가 생각하는 문제와 목표가 환자 본인의 것과 다른 탓이다. 환자가 원하는 목표나 요청 사항을 기재해서 간극을 좁혀야 둘 다 만족하는 치료 과정이 된다. 환자 의견과 평가 결과를 적절하게 고려해 치료를 결정하는 습관을 들이자.

평가를 위한 소소한 노하우

치료 전 평가에서는 차트에 기록된 인적 사항이나 진단명을 살펴야 한다. 이때 특이사항과 관련된 내용을 꼭 확인한다. 환자가 치료실에 들어오면 관찰이 시작되는데, 환자에게 개방형 질문을 통해 치료에 필요한 정보를 더 얻는다. 평가 기록은 직장마다 쓰는 평가 양식이 있으므로 이를 사용한다. 평가 양식 항목이 부족하면 추가로 작성한다. 간혹 평가 양식이 없는 경우에는 업무에 맞는 평가 양식을 직접 만들어 사용하면 된다. 치료 전 평가에는 인적 정보, 진단명과 관련된 과거 치료 이력, 수술 이력, 만성 질환, 주 호소, 자세, 시각통증척도(VAS), 관절가동범위(ROM), 맨손근력검사(MMT), 신경학적 검사, 특별 검사(special test) 등이 포함된다. 시각통증척도(VAS)는 통증 정도를 숫자로 표현하는 평가표로 '0'은 통증 없음, '10'은 참을 수 없는 통증으로 나타낸다. 관절가동범위(ROM) 평가는 인체의 각 관절을 능동 또는 수동적으로 가동범위를 각도계 (goniometer)를 이용해 측정하는 방법이다. 맨손근력검사(MMT)는 치료사의 손을 이용해 환자 근력을 평가하는 방법이다.

평가를 다 할 수 없을 때는 주 호소와 관련된 꼭 필요한 검사들만 진행한다. 예를 들어 팔을 들어 올리지 못한다면 서 있거나 앉아 있는 자세에서 평가한다. 통증 느낌과 어떤 자세에서 제일 아픈지 물어본다. 통증의 정도와 어떤 동작이나 자세에서 현재 상태보다 좋아지고 싶은지 확인한다. 평가를 할 때는 아픈 쪽만 하는 게 아니라 양쪽을 비교해야 한다. 어깨 관절은 팔을 위로 들어 올리는 굴곡, 바깥으로 벌리는 외전, 안팎으로 회전하는 내·외회전 관절가동범위(ROM)를 재고, 가동 범위 각도에 따른 맨손근력검사(MMT)를 측정한 다음, 증상 유발을 통해 감별해 검사하는 특별 검사만 추가한다.

평가는 자주 하지 않으면 치료사에게도 익숙하지 않아서 오래 걸리는 게 대부분이다. ROM은 전체 관절을 측정할 때 자세별로 나눠서 한꺼번에 측정한다. 앉는 자세에서 할 수 있는 관절 각도를 측정하고, 엎드린 자세에서 할 수 있는 자세를 순차적으로 측정한다. 자세를 그때마다 바꾸면 시간이 오래 걸리기 때문에 자세별로 측정할 수 있게 정리해보자. MMT도 근골격계 환자 같은 경우 신경 손상이 아니면 Fair(F)를 기준으로 세운다. 완전 가동 범위가 나오면 F이기에 각도가 안 나오면 F-가 된다. 따라서 F+, F, F- 범위에서 G(Good), N(Normal)에 이른다. G는 완전 가동 범위가 나오고 약간 저항을 이기는 상태이며, N은 완전 가동 범위와 최대 저항을 이기는 상태를 말한다. 수술 후나 구축(굳는 상태)인 경우나 근력이 좋은데 각도가 안 나온다면 옆에 특이사항으로 적는다. 운동치료 실에서 신경계 환자는 측정할 수 있는 시간이 충분한 편이다. 다만 숙달시키기 위해 연습을 반복한다.

치료 전 평가를 마치면 문제 목록을 다 작성한다. 주 호소와 목표, 평가를 토대로 우선순위를 정한다. 우선순위가 정해지면 측정한 평가 양식은 단기 목표(2주 이내), 장기 목표(8~16주)를 나눠 정리한다. 장기 목표는 환자의 상태나 목표에 따라 달라진다. 예를 들어 오십견 환자가 팔을 앞으로 들어 올리는 굴곡이 60도라고 하면, 2주 이내 150도가 아닌 90도로 설정하는 게 바람직하다. MMT도 F면 2주 이내 F+ 향상으로 목표로 해야 한다. 목표는 항상 구체적이고 실현 가능한 범위 내에서 정한다.

평가와 우선순위 결정 후 치료 중재를 한다. 이때도 우선순위를 바탕으로 가장 먼저 해야 할 중요 순서대로 치료한다. 치료 후에는 치료 후 평가(재평가)를 한다. 재평가는 치료 전 평가처럼 다 하지 않아도 된다. 통증 변화, ROM 등 목표와 맞는 평가만 한다. 치료 효과가 바로 나타나는 경우도 있지만 만성 통증과 증상이 심한 환자의 경우엔 시간이 걸리게 마련이다. 재평가 시 변화가 계속 없다면 우선순위 또는 치료 방법을 달리해야 한다. 따라서 다시 치료 전 평가로 돌아와 자세하게 평가할 필요가 있다.

평가 시간이 충분한 치료실은 드물다. 평가만 전담으로 하는 치료사도 거의 없다. 그래서 주어진 시간이 짧으면 꼭 필요한 평가만 한다. 치료 시간이 부족해서, 평가 양식이 없어서, 치료실이 평가하는 분위기가 아니라서 등 환경을 탓하면 안 된다. 치료사는 평가가 있기에 치료사로서 불린다. 주위에 대체보완의학 분야에 전문가로 활동하신 분이 꽤 있다. 그분들은 물리치료사의 평가를 배우고 싶어 한다. 전문성을 가르는 기준이 평가라는 걸 알고 있는 것이다.

사실 평가는 어렵다. 100퍼센트 다 맞을 수 없다. 확률을 높이려고 노력할 뿐이다. 귀찮고, 힘들고, 잘 몰라서…… 등등의 변명은 통하지 않는다. 환자는 때론 냉정하게 판단한다. 단 한 번에도 이 사람이 잘하는지 느낀다. 그래서 평가가 중요하다. 평가를 잘하는 치료사는 치료도 잘한다. 원인을 알아야 근본 치료가 가능하기 때문이다. 평가에 힘쓰자.

환자 말을 어디까지 믿어야 할까?

환자의 이야기를 객관화하자

나는 사람들과 이야기하는 걸 좋아한다. 처음부터 그러진 않았다. 말하기보다 듣기를 좋아했다. 듣는 시간이 많은 직업이기도 하고 성향상 듣고 말하는 게 편하다. 그래서 감정적이기보다 이성적인 성격이라고 생각한다. 되도록 중립을 지키려 한다. 치우쳐서 듣거나 이해하거나 바라보면 평가나 치료는 흔들리기 때문이다. 평가나 치료는 마음대로 하면 안 된다. 그래서 어떻게 하면 잘 듣고 질문할까에 대한 고민을 꽤 하곤 한다.

연차가 낮을 때 선배 치료사에게 "환자 말을 다 믿어야 하나요?" 하고 물었더니 다음과 같은 대답이 돌아왔다.

"다 믿지 말고 평가를 통해 걸러내. 과장되거나 거짓인 경우도 있어."

"환자 이야기에 답이 있는 경우도 있으니 잘 들어봐."

"환자와 이야기하면 배울 것도 많고 좋아. 치료의 재미는 환자와의 대화에 있어."

"치료는 손과 머리로도 하지만 말로 치료할 수 있어. 일단 잘 들어."

환자를 치료하다 보면 대화를 나눌 기회가 많다. 통증과 기능부전(기능과 힘이 부족한 상태)에 대해 이야기하다 보면 때론 환자 측에서 감정적으로 말하기도 한다. 사생활을 차분하게 이야기하는 환자도 있다. 대화를 나누다 보면 환자의 표정에 고생한 세월이 종종 드러나기도 한다. 치료사는 기본적으로 환자 말을 믿어야 한다. 다만 선별해야 한다. 감정적으로 이야기할 때는 공감하되 이를 평가에 객관화시킬 수 있는지 살펴본다. 즉 감정적인 표현은 공감하되 평가와 관련된 표현은 평가를 통해 일치하는지 확인한다. 이야기를 듣는 데 몰입하여 산으로 가면 안 된다. 중심을 잡고 들어야 한다.

아픈 사람은 치료실에서 치료사에게 의지를 많이 하는 편이다. 처음부터 그런 건 아니다. 스스로 이겨내려고 노력했지만 자연 치유력엔 한계가 있다는 것을 알기 때문이다. 좋아지던 중에 일을 많이 하거나 어쩔 수 없는 개인 사정이 생기면 다시 고통이 반복된다. 늪에 발이 빠지듯 오도 가도 못하는 상황이 될 때쯤 병원을 찾는 분도 있다. 혼자 해결할 수 없으니 의료 전문가들에게 "제발 도와주세요" 하면서 병원에 온 것이다.

오래 고생하신 분일수록 감정적인 표현을 많이 한다.

"몸이 반쪽이 없는 느낌이고 어깨를 뜯어 놓고 싶어요."
"방이 빙글빙글 돌아가고 힘들어요."
"저는 안 낫겠죠. 죽고 싶다는 생각이 들어요."
"신경질이 나서 엄마한테 짜증냈어요."
"회사를 죽을 만큼 가기 싫어요."
"아플 때마다 짜증과 신경질이 나요. 난 왜 이렇게 된 걸까요?"

환자들은 저마다 쉴 새 없이 힘들고 안타까운 사연을 펼쳐놓는다. 공감은 간다. 아프면 나락에 떨어진 느낌이니까. 안 아파본 사람은 모른다. 고통의 시작이 언제인지 끝은 과연 있을지 하는 불편함에 집착하는 단계다.

그러나 물리치료사로서 환자의 감정적 표현은 분석할 수 없다. 정신과 전문의나 심리상담 전문가가 아니기 때문이다. 그러므로 감정적인 표현을 분석해서 처방해주려는 무모함을 버려야 한다. 이런 경우 관련 전문가 도움을 받도록 권하면 된다. 물리치료로 도울 수 있는 범위 내에서 실현 가능성을 생각하며 이야기를 듣는다. 치료 영역을 넘어가면서까지 무모하게 달려들지 않도록 주의하자. 치료사가 신경 써야 할 환자의 이야기는 치료와 관련된 표현들이다.

이를테면 "밤에는 너무 아픈데 일어나서 활동하다 보면 괜찮아요" "다리가 저릿저릿하면서 당겨요" "발목에 힘이 없어 걸을 때 끌려요" "오른쪽과 왼쪽 감각이 달라요" "목을 돌릴 때 날개뼈에 통증이 있어요" "엄지와 검지가 찌르르해요" "허리를 숙이면 괜찮은데 뒤로 젖힐 때 아파요" "골반이 빠지는 듯한 느낌이 나요" "의자에서 앉았다 일어설 때 허리가 아파요" "발목을 자주 삐끗해요" "무릎이 시려요" "손가락이 다 안 구부려져요" 등등 통증과 관련된 느낌, 특정 동작 시 불편함, 잠잘 때와 활동 중일 때의 변화 같은 것들이다. 이 같은 호소들을 자세히 살펴보면 움직임, 통증, 기능부전과 연결 지을 수 있는 표현이 나오는데 이것들이 바로 치료사의 영역이다. 환자가 말하는 내용 중 이런 표현에 주목해야 한다. 감정적인 표현에 집중하다 보면 정작 중요한 표현을 놓친다.

환자 말에 숨 불어넣기

환자들의 이야기에는 역사가 있다. 문학도 있고 철학도 있다. 인문학적 요소가 있는 것이다. 치료학은 자연과학과 보건학, 의학을 포함한다. 환자들의 이야기는 '누가, 언제, 어디서, 무엇을, 어떻게, 왜'에 해당하는 육하원칙에 맞춰 정리할 필요가 있다. 육하원칙 중 부족한 정보를 치료사가 직접 물어보아서 답을 들은 뒤 평가와 치료를 위한 퍼즐을 하나씩 맞춰가야 한다. 적절한 평가를 위해 이야기는 꼭 필요하다. 치료사는 환자가 자신의 이야기를 잘 꺼낼 수 있도록 도와야 한다.

환자와 대화를 나누다 보면 치료적 이야기를 떠나 세상살이에 필요한 흥미진진하고 도움도 되는 이야기를 공유하기도 한다. 찾아오는 분들이 다양한 직업과 경험을 가진 만큼 누구나 알지 못하는 지식과 노하우를 알려주기도 하신다. 어린 학생들에게도 나름의 이야기가 있다. 요즘 학생들이 어떤 생각을 하는지, 무엇이 유행인지 등 재미난 소재가 많다. 남녀노소 다양한 생각과 경험이 어우러져 치료 시간을 채운다. 만약 치료 시간에 이야기가 없다면 이미 치료사 일을 그만뒀을지 모른다. 무미건조한 단순 작업이 이어진다고 생각했을 테니까. 이야기가 치료를 돕고 다양하고 깊게 만든다. 이런 이야기 속에서 치료에 도움이 될 만한 내용에 관심을 가져야 한다. 다만 이야기에 정신이 팔려 본질에서 벗어나는 것은 경계하자.

간혹 내 이야기를 들려주기도 한다. 어떻게 주말을 보냈는지, 어떤 생각을 하고 사는지, 왜 치료사가 됐는지 등 주제는 다양하다. 그래도 주로 환자 이야기를 듣고 답변한다. 이야기의 주체는 어디까지나 환자이니 말이다. 우리 치료사들은 자신이 아는 범위 안에서, 정확히 아는 지식 내에서 치료와 조언을 해야 한다. 특히 치료에 관련된 이야기가 주가 되도록 한다. 치료 주제를 놓치면 안 된다. 치료에서 주제가 벗어나도 멀티 플레이어처럼 집중할 수 있는 내공이 쌓이면 괜찮다. 이야기하면서 치료에도 차질이 생기지 않게 하는 수준 말이다. 그 정도가 아니라면 치료 이야기만 하는 데에도 시간이 부족하다.

평가 중 환자 말은 감정적 표현보다 치료와 관련된 표현을 잘 찾아 듣는다. 이게 맞는지는 평가를 통해 결정한다. 그렇다고 치료 이야기만 하면 분위기가 딱딱해진다. 로봇이 치료하는 느낌이랄까? 물리치료사를 대체 불가능한 직업이라고 평가하는 것은 환자와 치료사 사이에 이야기가 오가기 때문이다. 공감-해석-조언하는 구조이되 때론 사람 사는 이야기도 필요하다. 치료사는 잘 듣기와 이를 평가로 잇는 과정에 숙달해야 한다. 이야기도 중요하지만 평가를 하지 않는다면 이야기는 의미를 잃게 마련이다. 치료와 멀어진다. 환자의 말은 평가의 질을 좌우한다. 그만큼 잘 듣고 평가하고 치료하자.

근본 원인을 꼭 찾자

원인을 해결하는 치료사

의사는 증상을 치료하고, 물리치료사는 원인을 치료한다. 문제를 찾고 해결하는 직업 기준을 이렇게 생각해보자. 평가할 때는 원인을 찾아야 한다. 연결 고리를 통해 근본 원인을 꼭 찾아야 한다. 통증과 기능 제한이 일어난 부위에만 집중하면 안 된다. 불편한 부위에 외상, 염증으로 인해 문제가 생기면 그 부분이 원인이자 결과일 수 있다. 이런 경우를 제외하고는 불편한 부위와 영향을 미치는 원인은 찾아야 한다. 보통 국소(local)를 포함한 전체(global)를 평가하면 근본 원인을 찾는 데 도움이 된다.

나의 경우, 처음에는 국소 문제만 해결하기도 어려웠다. 할 줄 아는 게 많이 없었다. 임상 첫 환자는 20대 후반 남성이었다. 교통

사고로 인한 발목과 정강이뼈 골절이었다. 수술한 병원에서 안정을 취하고 재활을 위해 내원하여 목발을 짚고 오가며 차가운 팩과 전기치료를 받았다. 붓기가 어느 정도 빠지자 운동 처방(complex exercise)이 나왔다. 수술 부위 주변을 가볍게 이완시키고 수동적 관절 운동을 시키라는 선배의 조언이 있었다.

치료실에 들어오면서 환자가 잘 부탁한다고 밝게 웃으며 말했다. 나는 최선을 다하겠다고 대답했다. 환자는 베드에 길게 앉는 자세(long sitting)를 취하고 발목을 베드 밖으로 나오게 했다. 나는 의자에 앉고, 환자가 나를 내려다보았다. 붓기가 아직 남아 있고 뻣뻣했다. 오랫동안 보호대로 고정한 탓에 관절 움직임이 제한되어 있었다. 나는 발목 관절 각도를 체크하고 근육들을 촉진했다. 간단한 평가 후 근육을 살살 풀었다. 장딴지 근육(GCM)을 늘려주고 발목을 위아래로 관절 운동시켰다. 치료 시간은 순식간에 흘러갔고 등과 이마에 땀도 함께 흘렀다.

환자에게 발목 움직이는 운동을 가르쳐주고 무리하지는 말라고 조언하면서 첫 치료를 마쳤다. 미세하게 떨리는 손놀림을 환자도 눈치챘을 것이다. 그때 나는 긴장하고 있었다. 그래도 이처럼 수술한 케이스는 원인이 명확한 편이다. 발목이 안 움직이는 이유가 골절로 인한 것이니 말이다. 이후에도 매일 운동 치료를 했고 첫 환자는 퇴원했다. 젊고 활동적인 성격만큼 회복이 빨랐다. 내가 재활을 도왔는지 그가 나를 도왔는지 모를 정도였다. 나중에 지식과 경험이 쌓이면서 느낀 건 수술 후 재활은 특별한 경우를 제외하고 방향만 맞으면 회복이 잘 된다는 사실이었다. 변수만 잘 제어해주면 무리 없이 회복된다.

다음은 허리 환자였다. 진단명은 추간판탈출증과 추간공협착증이었다. 추간판탈출증은 추간판(디스크)이 탈출하여 증상을 일으키는 질환이고, 추간공협착증은 신경이 나오는 통로가 좁아져 문제를 일으키는 질환을 말한다. 그 환자는 허리디스크와 협착증이 동시에 있었다. 학교에서 추간판탈출증과 척추협착증을 비교한 시험이 나올 정도니 교과서적 지식은 비교적 알고 있었지만, 문제는 환자들이 교과서에 나오는 것처럼 앓는 게 아니라는 점이었다. 평가 후 아픈 부위를 이완해주면서 코어 운동을 시켰다. 전공 도서를 참고하여 환자가 따라 할 만한 치료를 병행했는데 생각만큼 회복이 잘되지 않았다. 치료를 잘못한 걸까 하는 생각에 다양한 치료 테크닉을 시행했다. 아픈 부위만 집중했는데 잘 낫지 않았다. 결국 환자는 더는 오지 않았다.

아픈 부위와 몸 전체 보기

환자 케이스가 쌓이면서 아픈 부위만 치료해서는 회복이 잘 안 된다는 사실을 깨달았다. 아픈 부위가 한 부위만 있는 경우가 드물었던 탓이다. 목, 어깨, 허리가 아프지만 허리가 심한 환자도 있었고, 무릎과 골반이 아픈 경우도 있었다. 진단명과 아픈 부위가 일치하지 않는 경우 등 변수가 많았다. 통증이 있는 인접 부위와 연관성을 공부하며 치료하기 시작했다. 평가 결과 관절 2개를 지나는 근육의 영향도 있었다. 동작이 기계 부품처럼 한 부위만 일어나는 게 아니라 여러 관절과 조직의 합으로 이뤄진다는 걸 알게 되었다. 다른 부위를 연결하고 생각하며 치료하자 예전보다 회복이 잘 되었다. 그래도 여전히 부족함을 느꼈다.

평가할 때 전체적인 평가는 어떻게 이루어지는지 궁금했다. 선배 치료사에게 물었다. 전체적인 ROM, MMT를 하거나 보행(gait) 분석을 하는 게 좋다는 답변을 들었다. 사실 전체적인 평가에 대한 정답은 없다. 평가를 적절하게 선택적으로 해야 하기 때문이다. 그래서 평가가 까다롭고 어렵게 느껴진다. 학교에서 배운 대표적 평가를 임상에서 적용했다. 기본에 충실한 평가이자 공신력이 있기 때문이었다.

시간이 흘러 미국 물리치료사인 그레이 쿡(Gray Cook)이 창안한 선택적 기능 움직임 평가(Selective Functional Movement Assessment; SFMA)를 알게 되었다. 인체를 3개의 면과 축을 기준으로 대표적인 움직임을 평가하는 것으로 7개의 상위 검사를 통해 치료할 패턴을 나누고 세부적으로 평가하는 방법이었다. 아주 유용했다. 통증이 많이 심하거나 수술을 하거나 신경계 질환자에게 적용하는 데 한계는 있었지만 움직임을 전체적으로 펼쳐볼 수 있었다. 궁금했던 부분이 다소 풀리는 순간이었다. SFMA를 비롯해 기능과 움직임에 관련된 교육 세미나를 이수해가며 정리해나갔다.

SFMA에서 소개하는 관절에 의한 관절 접근(Joint by Joint)이라 불리는 지역 상호 보완성이라는 개념은 매우 흥미로웠고 치료에 응용하기도 적합했다. 관절은 가동성과 안정성을 동시에 갖는다. Joint by Joint 접근법은 관절마다 가동성과 안정성이 더 우세한 관절을 분류한다. 각 관절이 우세한 역할을 제대로 하지 못하면 인접 관절에 책임을 떠넘기듯 무리를 주게 된다. 이런 과정이 누적되면 통증과 기능제한이 생기고 움직임이 나빠진다.

예를 들어 허리 척추는 안정성이 필요하다. 등 척추와 고관절의 가동성이 줄어들면 허리 척추는 과도하게 움직이게 되고 과가동성(hyper-mobility)이 생기며 안정성이 떨어진다. 그래서 허리디스크 탈출증과 관절 문제가 발생된다. 따라서 허리에 부담을 덜 주기 위해 등 척추와 고관절 가동성을 늘리는 스트레칭과 이완운동이 필요한 것이다. 이때 허리 척추엔 안정성을 길러주는 운동이 필요하다. 허리만 치료하는 게 아니라 등과 고관절을 함께 치료한다는 점에서 치료 확률이 실제로 높아졌다. 이외에도 여러 개념을 이용해 평가하면 허리가 아픈데 발목을 치료해야 하는 이유라든지 뒤쪽 근막 라인을 치료해야 하는 이유 등등처럼 전체적인 문제 원인을 찾아낼 수 있다.

우리 몸은 연결되어 있고 끊임없이 영향을 주고받는다는 관점에서 시작하는 전체적인 평가는 치료 시야를 확장해준다. 전체적인 원인과 더불어 국소적인 원인을 동시에 해결하면 치료 확률은 더 높아진다. 근본 원인을 찾고자 했던 궁금증은 평가의 지평을 넓히면서 조금씩 해소됐다. 물론 평가 외에 근본 원인이 되는 변수는 또 있다. 근본 원인이라 생각했는데 그 위에 또 근본 원인이 있는 셈이다. 이런 원인을 찾는 과정은 치료의 재미를 배가해준다. 가끔은 단순한 원인을 복잡하게 생각하고 치료해서 허무하기도 했지만 말이다.

원인을 찾는 치료사가 돼보자. 아픈 부위를 해결하는 치료사로 시작해 다른 부분도 볼 수 있는 눈이 필요하다. 원인에 대한 진지한 고민이 10년 이상 나를 치료사로 살게 해주었다. 치료에 자신감도 더 생겼다. 차별화된 치료법뿐 아니라 원인을 찾아내는 평가를 자기만의 양식(style)으로 진화시켜보자. 여러 평가를 통해 장점만 모아 간소화한 나만의 평가 양식은 치료 시간도 줄여준다. 또한 독창성 있는 치료사가 될 가능성도 열어준다. 다양한 원인을 찾아내는 평가 방법에 빠져보자.

목표에 따라 달라지는 평가법

환자 직업과 관련된 목표와 평가

평가를 할 때엔 반드시 목표를 정한다. 우선순위를 결정한 후에 목
표를 세우기도 한다. 때로 치료사 목표와 환자의 목표가 일치하지
않을 수 있다. 이럴 때엔 환자가 바라는 목표에 초점을 맞춘다. 문
제 해결은 환자의 문제를 치료사가 도와 풀어나가는 방식으로 이
루어져야 한다. 치료사는 환자의 숙제를 함께해주는 사람인 셈이
다. 치료사의 목표는 치료 과정에 자연스레 스며들게 해야 한다. 많
은 환자만큼 목표도 다양하다. 목표는 특히 직업에 영향을 받는다.
환자가 하는 일이 무엇인지 앞으로 무엇을 하고 싶은지에 따라 결
정된다. 따라서 목표에 따라 평가 방법은 달라지기도 한다.

　환자 중 바이올리니스트가 있었다. 왼쪽 어깨에 바이올린을 놓

고 팔꿈치를 구부려 잡는다. 오른손은 활을 잡고 어깨, 팔꿈치, 손목의 움직임을 통해 현을 타며 연주한다. 오랜 시간 이런 동작을 하다 보면 어깨 높낮이가 달라지고 목, 어깨에 문제가 생긴다. 내게 온 환자는 목, 어깨, 손목 통증이 있었다. 먼저 통증을 줄이고 자세를 바르게 하는 목표를 세웠다. 평가에 맞춰 우선순위를 정했다. 우선순위를 정하고 치료를 하자 회복이 더 빨랐다.

그런데 다음에 왔을 때 문제가 생겼다고 했다. 자세가 바뀌면서 바이올린 연주가 미묘하게 바뀌었고 결국 연주력이 떨어졌다는 것이다. 환자가 계속 신경을 쓰자 통증도 더 심해졌다. 그는 통증을 줄이되 근력을 길러 달라고 요청했다. 나는 불균형 상태에서 근력을 기르면 더 불편해질 수 있다고 설명했다. 그럼에도 환자는 근력 강화를 요청하여 우선 1RM(Repetition Maximum)을 측정했다. 1RM은 한 번에 들 수 있는 최대 무게의 근력을 말한다. 흔히 통증이 심한 경우 1RM을 측정하지 않는다. 무게를 들면서 더 악화되기 때문이다. 낮은 강도의 밴드를 사용할 수 있지만 보다 정확한 기준을 세우기 위해 덤벨로 1RM을 측정했다.

처음에는 근지구력을 향상해보자는 계획을 세워 15회 할 수 있는 무게로 각각 운동시켰다. 근육 이완과 스트레칭도 병행했다. 처음에는 몸이 뻣뻣해지고 힘들어했다. 그러나 시간이 지나면서 통증이 이전보다 줄고 바이올린 연주에 도움이 되는 것 같다고 만족해했다. 하지만 통증이 다 줄어들진 않았다. 워낙 연습과 연주회를 많이 하는 분이라 완전한 회복이 쉽지 않았던 것이다. 학교에서 배우기는 하지만 통증이 심한 환자에게 잘 사용하지 않는 평가 방법을 사용하면서 목표에 따라 평가법이 적재적소에 쓰일 수 있다고 생각했다.

현대 무용을 하는 환자가 있었다. 그에겐 허리와 발목 통증이 있었다. 왼쪽 발목이 불안정했고 까치발로 설 때마다 중심이 흔들렸다. 왼쪽으로 무게 중심을 잡고 턴 하거나 버티는 동작이 많았다. 평가를 해보니 발목 앞뒤로 움직이는 근육도 불균형이지만 고유수용성 감각(움직일 때 자신의 신체 위치와 상태를 인식하는 감각)이 떨어져 있었다. 한 발 서기를 측정했다. 얼마나 하는지 시간을 쟀다. 환자의 목표는 까치발로 서서 다른 다리를 들고 회전하는 동작을 잘하고 싶다는 것이었다. 발목 통증을 줄이기에도 갈 길이 먼 판인데 새로운 요청이 추가된 것이다. 그렇게 하면 발목이 더 불안정해질 뿐 아니라 허리도 더 아플 수 있다고 말했다.

환자는 중요한 공연을 앞두고 있어서 그러니 아파도 동작이 잘 되게 해달라고 요청했다. 무용수는 통증을 달고 사는 사람이니 웬만한 건 참을 수 있다면서 말이다. 난감했다. 공연을 마치면 열심히 재활에 임하겠다고 약속한 후 원하는 동작을 다시 평가했다. 응용된 동작을 평가한 셈이다. 통증은 비슷했지만 동작을 하는 데 도움이 된다며 만족해했다. 이처럼 통증에 대수롭지 않게 반응하는 환자들도 더러 있다. 통증보다 직업에서 오는 영향이 더 크니 치료사로서도 환자의 요청과 목표에 수긍하고 최적화된 평가와 치료를 해야 된다. 평가 양식에 환자 몸을 맞추되 목표에 따라 수정해서 평가한다.

운동 종목을 고려한 평가

골프 선수를 치료할 일이 있었다. 그는 왼쪽 무릎과 고관절에 통증을 느끼고 있었다. 다운스윙에서 임팩트로 가는 순간 통증이 생긴다고 했다. 임팩트 순간 축으로 사용하는 왼쪽 다리에 무릎에 부하가 실리며 통증이 발생한다. 고관절 회전 능력이 떨어지거나 움직임 순서가 바뀌어도 영향을 준다. 투어 중인 선수라 경기력에 영향을 주면 큰일이었다. 한 번 치료로 단박에 좋아질 순 없지만 조금이라도 치료를 잘못하면 망가질 수 있다. 그래서 프로선수들처럼 특정 직업군을 치료할 때엔 고민도 많아진다.

솔직하게 말하면 그때 그 골프 선수에게는 도움을 주지 못했다. 평소 하던 평가와 치료를 했다. 주사 처방도 나와서 치료 후 맞았을 테고 통증은 줄었을 거라고 생각했다. 그 케이스에서는 통증을 줄이면서 골프 경기력을 향상시키는 방법이 매우 궁금했다. 골프에 맞는 평가법 말이다.

세계적인 골프 회사인 타이틀리스트에는 퍼포먼스를 연구하는 기관이 있다. 그 당시 한국에서 세미나가 열려서 나도 참석했다. 골프 스윙 기전, 잘못된 스윙 오류, 골프 피트니스 평가 방법 및 교정 운동을 배웠다. 골프 피트니스 창안자는 통증을 줄여주면서 경기력을 향상시키기 위해 골프를 연구하고 최적화된 프로그램을 만들었다고 한다. 처음에 통증만 보고 교정하다가 선수들의 경기력이 나빠져 욕을 먹었다는 흥미로운 스토리도 들려줬다.

골프 피트니스 평가를 할 기회는 사실 많지 않지만 운동 종목이나 특정 직업군에 대해 응용하는 평가 방법을 고민하는 데 도움이 되었다. 먼저 그 운동의 규칙과 역학, 손상, 기전을 알아야 한다. 중요한 건 기전과 손상을 연결시키는 것인데 운동 규칙을 잘 알아야 적절한 평가와 치료를 실현할 수 있다. 지금은 환자에게 문제가 되는 자세를 해보라고 하거나 목표를 말하면 그 동작이 잘 될 수 있는 상태와 연결지어 생각한다. 나는 경기 일정과 컨디션에 따라 조절하며 재활을 돕는 편이다.

무용수들도 전공에 따라 다르게 평가해야 한다. 발레, 현대무용, 한국무용 등 전공마다 특징이 있기 때문이다. 이때 동영상을 보면서 분석하고 논문과 인터넷 검색을 통해 정보를 모은다. 무용수마다 원하는 목표도 다르게 마련이니 각 동작에 따른 분석과 지식도 필요하다. 운동선수나 특정 직업군이 아니어도 환자에게 원하는 목표가 있다면 그에 맞는 평가와 치료를 수행해야 한다. 통증과 기능제한이 없어도 더 좋은 수행력(performance)을 위해 트레이닝해야 한다. 치료사는 스포츠 분야나 특수 분야에서 직접 재활하고 트레이닝까지 시키는 전문가이기 때문에 목표에 따라 달라지는 평가 방법을 수행하는 역량을 갖추어야 한다.

치료 과정과 노력을 평가하라

계획과 복기가 필요한 치료 과정

치료 실력을 평가할 수 있을까. 스스로 치료한다면 몇 점을 줘야 할까. 치료 과정을 평가할 때 좋은 점은 치료 과정을 반성할 수 있다는 것이다. 전문 치료사라고 해도 치료를 항상 성공적으로 잘해낼 수는 없다. 하지만 자신을 되돌아보려는 노력만으로 더 나은 치료사가 될 수 있다고 생각한다. 10분, 30분, 60분을 치료한다면 어떤 방법으로 할 것인지 생각해보고 평가한다. 치료 실력이 좋아지기 위해 어떤 노력을 했는지도 평가한다. 사람들이 이력을 보는 이유도 저 사람이 얼마나 열심히 성실하게 살았는지 그 노력의 과정을 보는 것 아닐까? 자격증과 교육 이수가 절대적일 순 없지만 치료를 위한 노력이므로 실력에 영향을 줄 게 틀림없다.

치료 과정에서 시간은 실력 발휘와 밀접한 관련이 있다. 치료시간이 10분이라면 할 수 있는 게 많지 않다. 평가도 간결해야 한다. 평가이자 치료인 방법이 있으니 이를 적극 활용한다. 예를 들어 스트레칭은 근육 길이가 적절한지 알 수 있는 평가이자 근육 길이가 짧다면 바로 늘릴 수 있으니 치료이기도 하다. 플랭크 동작은 몇 초 동안 유지할 수 있는지 또는 동작을 바로 하는지 알 수 있는 평가이자 운동하는 동안 근지구력을 길러주는 운동 치료 방법이다. 물론 평가이자 치료 방법은 적재적소에 사용해야 한다. 10분이면 코어 근육을 위해 우선순위를 정하고 한 가지에만 집중해서 치료하면 시간이 끝난다. 운동을 지도하는 과정에서 끝난다면 환자도 치료사도 아쉬울 뿐이다. 병원 시스템은 저마다 다르다. 만약 치료 시간이 짧다면 치료도 간결해야 한다. 짧은 시간인데 루틴대로 치료하고 있지 않나, 되돌아볼 필요가 있다. 바둑처럼 복기하는 시간이 중요하다는 의미다.

운동치료실은 보통 30분 정도 치료에 할애한다. 치료 시간이 길어진 만큼 평가 시간도 넉넉하다. 다만 치료 계획을 미리 세우는 게 좋다. 30분은 쓰기에 따라 짧기도 하고 길기도 한 시간이다. 운동치료실에 있을 때 일이다. 선배는 어떻게 치료할 것인지 치료사 스스로 계획을 써보라고 했다. 예를 들어 엉덩이를 들어 올리는 브리지 동작 같은 경우 15개씩 3세트, 날개뼈를 살짝 들어 올리는 복근 운동 12개씩 3세트 등 어떤 근육을 오래 쓰는 근지구력을 늘릴 목적으로 운동하는 것인지 횟수도 적었다. 치료 시간 마지막 5분은 보행 시간으로 책정했다. 치료사에겐 반드시 평가 계획이 적절한지 살펴보는 과정이 필요하다.

치료하다 보면 변수가 생기기 마련이므로 30분 치료에 4~7가지 치료 프로그램을 구성한다. 치료 후에 목표한 운동을 했는지, 정확하게 했는지, 환자가 힘들어하진 않았는지, 목표로 하는 움직임에 변화가 있었는지를 돌아본다. 환자가 힘들어하면 운동 횟수를 줄이거나 다른 형태로 준비한다. 2주 가까이 해도 단기 목표에 변화가 없다면 운동 방법이나 계획이 잘못됐을 수도 있다. 다시 평가 계획과 방법을 설정한다. 머릿속으로 하는 것보다 기록을 남기는 게 좋다. 의료 차트에 기록할 수 있고 노트에 작성할 수 있다. 편한 방법으로 작성하고 치료 과정이 어땠는지 생각해본다.

요즘 도수치료 시간이 60분인 치료실도 꽤 있다. 운동치료를 60분 동안 하거나 도수치료와 운동치료를 합치거나 기구를 이용한 치료와 복합적으로 하는 곳도 있다. 60분은 꽤 긴 시간이고 보통 비급여 항목(환자가 개인 부담하는 치료로 실손 의료보험이 있을 시 적용)이 대부분이다. 긴 시간만큼 비용도 많이 발생하기 때문에 환자 입장에서는 질 높은 치료를 기대하게 된다. 장점은 평가와 치료할 시간이 넉넉하다는 점이다. 치료시간이 40분 이상 되면 평가와 치료를 충분하게 사용할 수 있다.

치료시간이 길어질수록 치료 프로그램을 더 잘 계획해야 한다. 8~14가지 정도 프로그램을 구성한다. 계획을 잘 짜지 않으면 루틴하게 치료하게 되고 환자가 지루할 수 있다. 치료사도 마찬가지다.

더는 해줄 게 없다고 느낄 수 있다. 긴 시간을 어떻게 해야 하나 고민하게 된다. 60분이라면 평가에 따라 달라지겠지만 30분은 도수치료, 20분은 운동치료, 10분은 확인하고 조언하는 시간을 가졌다. 이는 환자 평가에 따라 달라진다. 항상 유연하게 대처하고 시간을 분배할 수 있어야 한다. 허투루 보내지 않게 치료 시간에 맞는 평가 및 치료를 계획해보자. 치료 과정은 어떻게 잘 조절하고 행했는지가 관건이다. 이를 나름대로 평가해보자.

다양한 경험을 쌓도록 노력하자

일하면서 치료를 위해 본인이 어떤 노력을 했는지 가끔 평가해본다. 치료사가 공부를 계속하는 건 치료 과정의 연속이다. 학회에서 이론을 공부하고 실습하면서 치료 실력을 갈고닦는다. 주말에도 시간을 할애해본다. 대한물리치료사협회에 등록된 학회가 꽤 많으니 자신이 일하는 분야에 맞는 교육을 찾아 이를 접하면서 실력을 향상시킨다. 일하면서 하는 공부엔 더 적극적으로 임하게 된다. 환자들은 치료실 벽면이나 치료사 프로필에 적힌 이력을 보고 치료사 실력을 가늠하기도 한다. 교육 이수가 절대적이진 않지만 아무래도 노력하는 치료사가 더 다양하고 좋은 치료를 제공할 수 있지 않을까?

학회 교육뿐 아니라 대학원에 진학하는 치료사도 있다. 연구해보고 싶은 주제가 있든지, 다른 치료사들과 교류하고 싶다든지, 주변 권유로 진학하든지 이유도 다양하다. 대학원 수업은 강의만 듣는 게 아니라 직접 발표하는 과제들이 많으므로 공부가 많이 된다. 다른 연구자들의 논문을 보면서 공부하고 아이디어를 얻어서 나의 학위 논문을 발전시킬 수 있다. 환자를 직접 치료해야만 진짜 치료라는 생각은 금물이다. 환자 치료를 위해 공부하고 연구하고 준비하는 과정도 치료의 일부다.

치료사들은 치료하는 시간 외에도 많은 노력을 한다. 공부뿐 아니라 운동을 통해 체력도 기른다. 뉴스를 통해 정보를 습득하여 환자들과 이야깃거리도 늘린다. 나는 일요일 저녁에는 예능 프로그램이나 재밌는 영상을 보기도 한다. 월요일 출근하기 전에 잠들 때 많이 웃고 기분 좋은 상태에서 잠들고 싶어서다. 무섭거나 잔인한 영화를 보고 시달리다 불안한 얼굴로 환자를 맞이할 순 없지 않은가. 치료를 위해 좋은 컨디션을 유지하기 위한 노력도 치료 과정이다.

치료사도 다른 직업처럼 삶 자체가 준비이자 일이 된다. 배우들은 작품에 들어가면 때론 불규칙한 스케줄을 소화한다. 몇 개월 동안 촬영하고 나서 비로소 세상에 소개된다. 촬영을 위해 역할에 맞는 공부도 하고 몸도 만들고 피나는 노력을 한다. 단순히 촬영하는 순간 배우로 존재하는 건 아니다. 치료사도 마찬가지다. 환자를 치료하기 위해 공부하고 운동하고 좋은 컨디션을 유지하기 위해 늘 노력한다. 이렇게 본인의 준비 과정도 가끔 평가해보자. 치료를 위해 얼마나 노력하는지 어떻게 치료를 준비하는지 등등 말이다. 준비 과정이 꾸준하고 계속 노력한다면 치료는 점점 좋아질 수밖에 없다.

치료 시간을 적절하게 안배하고 치료하는 순간을 꼼꼼히 기록해보자. 환자를 마주하고 치료하는 순간에 최선을 다하면 후회가 없다. 환자가 치료를 받고 회복해 일상으로 돌아갈 때 언제나 뿌듯하고 보람차다. 충실한 치료와 조언은 방향이 옳을 경우 환자의 상태를 호전시킨다. 다시 한번 말하지만 치료를 준비하는 과정도 치료 과정임을 잊지 말자. 치료 과정이 적절했는지 생각해보고, 이력과 노력을 평가하고, 가끔 내가 생각하는 방향으로 가고 있는지 점검해보자.

기록을 남기는 습관을 들이자
(S.O.A.P)

S.O.A.P 노트

치료사는 환자 치료를 기록으로 남긴다. 치료실마다 쓰는 양식은 여러 가지다. SOAP 노트는 일반적으로 쓰이는 환자관리 기록법이다. 또한 기록을 통해 평가하는 방법이기도 하다. SOAP는 주관적(Subjective), 객관적(Objective), 평가(Assessment), 목표(Plan)의 앞 글자를 딴 것이다. SOAP 노트 형식은 로렌스 위드(Lawrence weed) 박사가 처음 문제 지향적 의료기록으로서 소개했다. 현재는 개정되어 문제해결식 의료기록으로 설명한다. 보통 SOAP 노트는 환자를 처음 평가한 후 작성하고, 치료가 진행된 중간에 작성하고, 마지막으로 퇴원하거나 치료가 중단될 때 작성한다.

SOAP 노트는 왜 쓰는 것일까? 첫째, 다른 전문가와 정보나 의견을 교환하기 위해서다. 담당의사, 치료사, 타 부서 사람들과 환자 상태 및 특이사항을 공유한다. 둘째, SOAP 노트는 건강의료보험공단과 보험회사에서 보상이 이루어지는 근거가 된다. 기록이 불충분하면 보상에 제한을 받을 수 있다. 셋째, 치료사는 환자를 평가하고 관리하는 순간을 SOAP 노트로 기록하면서 치료과정을 체계적으로 정리한다. 즉 SOAP 노트는 질적인 관리 및 계획에 도움을 준다. 넷째, 조사연구로서 학술적으로 사용될 수 있다. SOAP 노트를 병원 내 치료실에서 발표를 통해 교육적 목적으로 이용할 수도 있다.

치료사는 SOAP 노트를 쓰기 전 환자의 의료 기록 차트를 확인한다. 성명, 나이, 성별 등 기본 정보는 물론 의사 소견과 X-ray 등 영상진단장비에 대한 검사 결과도 있을 것이다. 다른 병원에서 온 경우 의뢰서가 첨부되어 있을 테고, 수술 환자의 경우엔 수술방법과 병력에 대한 상세 기록과 더불어 특이사항도 있을 것이다. 치료사는 이 모든 정보를 유심히 확인한다.

주관적 정보는 치료사가 환자와 이야기를 통해 작성한다. 환자 병력, 현재 상태, 가장 불편한 주요 호소, 과거 치료 이력, 수술 이력, 합병증, 만성 질환 여부, 직업, 취미, 목표 등 치료와 관련된 정보를 파악한다. 만성 질환이 있다고 하면 당뇨병, 고혈압, 심혈관계 질환 등 어떤 병인지 확인한다. 당뇨병은 공복에 운동하는 경우 저혈당에 빠질 수 있다. 식사 후 30분 후에 운동을 하는 게 좋다. 고혈

압은 숨을 참다가 힘을 주면 혈압이 갑자기 올라가는 경우가 생긴다. 고강도로 시작하기보다 단계적으로 해야 한다. 만성 질환에 대한 운동 시 유의 사항을 알아야 치료 때 조심할 수 있다.

객관적 정보는 시각통증척도, 자세 분석, 뼈와 근육 촉진 시 특이사항, 관절가동범위, 맨손근력검사, 신경학적 검사, 특별 검사 등이 포함된다. 보행 분석, 기능적 평가, 이동 방법 등 이학적 검사 및 평가를 작성하면 된다. 객관적 정보는 의학용어로 간결하게 작성한다. 특이사항을 표현할 때만 한글로 적는다. 객관적 정보를 한글로 나열하면 읽기 힘들기 때문이다. 객관적 정보는 의료 전문가에게 환자에 대한 이해도를 높여주고 보험 보상을 위한 근거로 사용되므로 약어와 의학용어로 작성하는 편이다. 예를 들어 왼쪽 어깨 통증 표현 시 Lt. shoulder pain VAS 5(flex. abd.)로 작성한다. VAS는 시각적 통증 척도(Visual Analogue Scale)로 통증 정도를 0은 통증 없음, 10은 참을 수 없는 통증으로 나타낸다. 0에 가까울수록 통증이 적고 10에 가까울수록 통증이 심하다. VAS 5(flex. abd.)의 경우, flex(flexion)는 팔을 앞으로 들어 올리는 굴곡, abd(abduction)는 옆으로 들어 올리는 외전으로 왼쪽 어깨를 앞과 옆으로 들어 올릴 때 통증이 '5'로 표현한다.

사례로 보는 문제 목록 작성

평가는 주관적, 객관적 정보를 해석한 내용이다. 환자 나이에서 정상 범위를 벗어나는 건 무엇인지 살피며 작성한다. 손상과 관련된 기능 제한을 문제 목록으로 작성한다. 우선순위를 결정하기 위해 중요도 순으로 작성한다. 문제 목록은 아래의 예를 살펴보자.

■ 첫 번째 예

① 반복적인 Specific sports skill로 인한 Rt. supraspinatus patial tear & SLAP type Ⅱ

→ Pain & malalignment

→ Shoulder ant. instability increase

(반복적인 특정 스포츠 기술로 인한 오른쪽 극상근 일부 파열 및 상부 관절와순 파열 Ⅱ 형태로 인한 통증과 부정렬로 어깨 앞쪽 불안정성 증가)

② Rt. supraspinatus, subscapularis tendinosis 인한 이차적인 impingement & pain

→ Shoulder mobility limitation(ext.rot/abd./int.rot)

(오른쪽 극상근, 견갑하근 건증으로 인한 이차적인 충돌과 통증 발생했고, 어깨 가동성 제한(어깨 외회전/외전/내회전))

③ Habitual poor posture

: forward head posture

→ SCM, upper trapezius, levator scapularis, pec. muscle tightness

→ Rhomboids, serratus anterior, lower trapezius weakness

(습관적 안 좋은 자세인 머리가 앞으로 나온 자세로 흉쇄유돌근, 상승모근, 견갑거근, 가슴근육이 짧아지고, 능형근, 전거근, 하부 승모근 약해짐)

첫 번째 예시는 직업(선수), 손상, 자세로 인해 발생된 문제와 기능 제한 상태를 작성했다.

■ 두 번째 예

① L1 bursting fx. : Op. area의 pain & weakness

(요추 1번 방출성 골절로 수술 부위의 통증 및 약화)

② Fixation : Spinal fusion(Posterior) T11-L2 Op.후 T11-L2 spine의 fixation으로 인해 T11-L2 level은 hypomobility, L2 아래의 level은 hypermobility

(흉추 11번부터 요추 12번 척추 후방 융합 수술로 흉추 11번-요추 2번 고정으로 인해 흉추 11번-요추 2번은 저가동성, 요추 2번 아래의 레벨은 과가동성)

③ Immobilization : Lower trunk & hip around muscle imbalance

(오래 움직이지 않아 하부 몸통 및 엉덩이 주변 근육 불균형)

두 번째 예시는 수술 후 재활 환자의 수술 부위, 자세로 발생된 기능 제한 상태를 작성한 것이다. 작성 양식은 다양하지만 내용은 간결하고 명확하게 적어야 한다.

치료 계획은 문제 목록과 기능 제한을 토대로 환자와 치료사가 현실 가능한 단기 목표와 장기 목표를 작성한다. 보통 단기 목표는 2주 이내에 이룰 수 있는 기능적 결과를 작성한다. 장기 목표는 치료를 통해 예정된 결과를 작성한다. 8주 또는 16주에 어느 정도 기능 회복이 될지 적는다. 기능 제한과 환자 문제 범위를 수치화해서 변화될 결과를 예상해 적는다.

SOAP 노트 또는 의료기록 차트를 작성할 때는 첫째, 최대한 약어와 의학용어를 사용한다. 둘째, 정확하게 작성한다. 법적 서류로 남을 수 있으므로 환자 상태를 보태거나 줄이지 않고 정확하게 적어야 문제가 안 된다. 셋째, 간결하게 작성한다. 장황한 문장을 피하고 짧고 명료한 문장만 사용한다. 넷째, 치료사의 주관적인 특이사항은 피해야 한다. 개인적 의견을 넣거나 동료의 비평, 불평 등은 기록에 넣지 않도록 한다.

SOAP 노트 작성은 치료사의 체계적인 환자 관리를 도와준다. 즉, 평가와 계획에 도움이 된다. SOAP 노트를 작성한다고 치료 실력이 향상되는 건 아니다. 환자 정보, 상태, 계획 등을 기록하면서 더 좋은 치료 방향을 위해 고민하고 생각하게 된다. 머릿속에 저장해서 치료하기보다 기록을 남기는 습관을 들이고 반복한다면 좋은 결과가 있을 것이다. 치료에 대한 고민과 생각은 당장은 아니지만 치료사의 자세와 실력을 향상시킬 수 있다고 믿는다. 귀찮더라도 SOAP 노트와 의료 차트를 기록하는 습관을 들이자.

치료 트렌드를 뛰어넘다

치료 트렌드를 뛰어넘는 평가

물리치료에도 트렌드가 있을까? 그렇다. 처음 2009년에 면허를 받았을 때엔 신경계 운동치료가 대세였다. 동기들도 취업을 대부분 신경계 재활병원으로 했다. 2015년 이후 근골격계 도수치료가 대세가 되었다. 도수치료로 대세가 바뀐 이유는 비급여 항목으로 포함되어 보험 청구가 가능해서라고 본다. 결과적으로 현실적인 조건이 더 나아졌다. 이런 이유로 지금도 도수치료 병원에 취업하고자 하는 치료사가 많다.

예전에 협회 보수 교육 때 들었던 강연자의 강의 내용이 인상적이었다. 운동치료와 도수치료를 넘어 평가의 시대가 된다는 것이었다. 운동치료와 도수치료는 기본적으로 해야 되고 치료사의 역량은 평가에서 판가름 난다는 내용이었다. 사실 당연한 이야기다. 평가를 잘하는 치료사가 치료를 잘한다. 적절한 평가 후 치료의 일부가 도수치료 또는 운동치료가 되며, 그 밖의 많은 물리치료가 치료의 한 부분이 된다. 치료 트렌드라고 표현했지만 치료사가 본질적인 평가와 치료를 다 잘 해야 된다고 생각한다. 따라서 평가를 잘했을 때 치료 트렌드를 뛰어 넘을 수 있다.

치료사의 전문적 자질

세계물리치료사연맹(WCPT)은 면허를 취득한 물리치료사에게 필요한 전문적 자질에 대해서 아래와 같이 강조한다.

물리치료사에게는 다음과 같은 자질과 전문적 능력이 요구된다.

· 환자/고객 또는 고객 그룹의 요구에 대한 종합적인 검사/평가를 수행한다.
· 검사/평가 결과를 평가하여 환자/고객에 대한 임상적 판단을 내린다.
· 진단, 예후 및 계획을 수립한다.
· 자신의 전문 지식 내에서 상담을 제공하고, 환자/고객이 다른 의료 전문가에게 의뢰해야 하는 시기를 결정한다.
· 물리치료사 중재/치료 프로그램을 시행한다.
· 중재/치료 결과를 결정한다.
· 자기관리를 위한 권고를 한다.

살펴보면 검사, 평가가 주를 이루고 이를 토대로 계획, 의사결정을 내린다는 내용이 대부분이다. 치료 및 중재에 대한 내용은 하나이고, 조언을 준다는 내용이 하나 들어간다. 결국 평가가 제일 중요하다. 평가를 잘하면 도수치료든 운동치료든 선수트레이닝이든 전기 및 광선 치료, 수치료 등 치료 처방이 가능하다.

예전에 20년을 훌쩍 넘긴 연차가 높은 선배 치료사들이 입을 모아 하는 말이 있었다. "치료를 하다 보면 어느 순간 영역의 의미가 없어진다." 즉, 신경계 질환자도 근골격계 질환자도 선수도 다 치료할 수 있다는 의미였다. 왜냐하면 평가를 잘 할 줄 알면 본인이 가지고 있는 치료 이론과 기술을 이용해 분류하지 않고 충분히 도움을 줄 수 있기 때문이라는 것이다. 그때는 무슨 말인지 이해가 안 됐는데 지금은 조금 이해가 되는 걸 보니 감회가 새롭다.

평가는 분야도 뛰어 넘는다

평가 영역은 어느 분야에 또 연결될까? 체형교정 분야가 있다. 사람은 통증과 기능 제한을 넘어 좋은 체형을 통해 건강하고 아름답게 보이고 싶다. 바르고 좋은 체형은 건강뿐 아니라 외모 자신감도 높여준다. 사람들이 체형교정을 많이 하는 이유다. 성인뿐 아니라 학생들도 체형교정에 관심을 꽤 보인다. 물리치료사의 업무 중 신체교정이 있다. 치료실 안에서 하는 자세 분석이나 체형교정에도 평가가 중요하다. 루틴하게 하는 체형교정도 효과가 있지만 각 환자에 맞는 맞춤형 체형교정은 효과가 남다르다. 앞으로 체형교정은 더 관심 받을 거라 생각된다. 차별화된 체형교정 전문가로서 치료사의 평가는 눈에 띈다.

요즘은 필라테스 분야로도 활발히 진출하고 있다. 10년 전쯤만 해도 필라테스가 뭔지 잘 몰랐고 치료사들이 진출하는 분야도 아니었다. 현재는 사람들에게 물리치료보다 필라테스가 더 친근하다. 방송에도 많이 나오고 건강을 위한 운동으로 머릿속에 자리잡았기 때문이다. 필라테스 강사 채용 때 물리치료사를 선호한다고 한다. 물리치료사 출신 필라테스 강사라는 홍보 문구도 심심치 않게 본다. 병원에서 일했던 환자 관리와 풍부한 재활 경험이 있어서 필라테스를 지도하는 데 적합하다. 물리치료사가 필라테스 분야에서 더 역량을 발휘할 수도 있다.

그 역량은 어디서 나올까? 단순히 치료와 재활 경험이 많다고 나올까? 평가를 중요시하는 마인드와 역량에서 나온다고 본다. 동작을 잘하고 지도를 더 잘하는 사람은 많다. 평가를 잘하는 물리치료사가 이 분야에서도 빛을 발할 것이다. 평가 능력은 다른 분야에서도 드러난다. 평가와 의사결정, 계획으로 이어지는 업무는 다른 분야에서도 절대적으로 필요하니까. 평가를 잘하면 치료 트렌드를 뛰어 넘을 수 있다고 강조하는 배경이다.

인체를 다루는 분야는 무궁무진하다. 간결하고 효율적인 평가를 통해 분야를 넘나드는 게 나의 목표이기도 하다. 치료, 의학, 스포츠, 대체보완 분야 등에 도움이 되는 평가가 있으면 하는 바람이다. 치료 행위에는 사실 트렌드라는 말이 무색하지만 현실에서는 엄연히 존재한다. 다음은 어떤 치료 트렌드로 바뀔까? 그 속에서 치료사로서 중심을 잡고 트렌드와 상관없이 살아남을 수 있을까? 이에 대한 답은 치료사의 가장 기본적이고 전문적 자질인 평가에 큰 비중이 있다, 라는 것이다. 평가를 잘하는 치료사가 되자.

그만두고 싶었던 순간_현실적인 문제에 눈 뜨기 시작했을 때

병원에서는 일 년에 한 번 연봉 협상을 한다. 연봉은 직장에서 정해진 연봉 표에 의해 정해지기도 한다. 성과나 부서 책임자에 의해 연봉 표보다 많이 받기도 한다. 치료사는 이직을 하면서 연봉이 오르기도 한다. 선후배 동료들이 추천하고 소개해서 이직하는 경우가 많다. 연봉, 월급은 과연은 어떤 의미가 있었을까. 처음에는 경험을 많이 쌓는 병원에서 배우겠다는 생각이어서 연봉에 큰 가치는 두지 않았다. 5년 차 정도 되니 서른이 가까워졌고 모아 둔 돈도 없어서 이제 현실적인 부분도 인식하기 시작했다.

연봉 협상이 시작되었다. 처음에는 연봉 협상 책임자가 칭찬을 했다. 안 선생이 병원에 기여하는 바가 크다. 계속 함께했으면 한다. 하지만 현실적으로 병원 운영이 쉽지만은 않다. 병원에서 정한 연봉에 사인을 해달라는 말을 했다. 물론 작년처럼 쉽게 할 수 있었지만 현실에 대해 생각하다 보니 망설여졌다. 작년 성과와 개인적인 노력을 이야기했다. 이러한 협상 대화가 서너 차례 반복되었다. 이제 병원을 옮겨야 될 때가 된 것 같다는 생각이 들었다. 무의미한 대화가 반복됐기 때문이다.

평행선을 달리던 대화는 담당자의 한 마디에 끝이 났다. '안 선생 가치를 인정해주는 곳으로 떠나는 것도 괜찮다.' 순간 화가 치밀어 오르면서 지금까지 일했던 순간들이 주마등처럼 흘러갔다. '하지만 우리는 안 선생과 같이 일하고 싶으니 잘 생각해달라.'는 말을 덧붙였지만 그 말은 들리지 않았다. 머릿속에 '가치 인정'과 '떠나는 것'이라는 두 어구만 뱅뱅 맴돌았다. '네, 생각해보겠습니다'라는 대답을 하고 나왔다. 치료실로 돌아와 부서장에게 이 내용을 전하고 사직서를 바로 제출했다. 동료들은 함께 열 받아 하고 부서장은 담당자에게 따지러 갔다.

울고 싶은 놈 뺨 맞는 상황처럼 퇴사했다. 실제 그만둔 순간이었다. 현실적인 부분을 인식하기도 했지만 내 가치를 인정해주는 곳을 찾고 싶었다. 가치를 인정 못 받는 건 슬픈 일이다. 사직서를 제출하고 한 달 동안 많은 생각을 했다. 가치를 인정해주는 곳으로 가자는 생각으로 채용 정보 사이트를 뒤적거렸다. 의료기기 회사 면접도 보고 다른 병원 면접도 보면서 고민을 했다. 성장할 수 있고 일한 만큼 성과가 나올 수 있는 직장인지 말이다.

그러던 와중 전에 함께 근무했던 선배 치료사를 만나게 됐다. 보험 회사에서 일하고 있다고 했다. 물리치료사를 그만두고 이 직업을 선택했더니 다른 세상이 있다고 했다. 일한 만큼 보상을 받고 만족스럽다는 이야기를 하며 내게 권유했다. 솔깃하면서도 내키진 않았다. 치료사로 열심히 일하고 노력해서인지 다른 분야에 간다는 건 생각지 못했다. 그런데 어느 새 보험 회사에 들어가 교육을 받고 있었다. 뭔가에 홀렸는지 현실적인 부분에 마음이 동했는지 교육을 받고 관련 지식을 쌓고 있었다. 결국 한 달 교육을 받고 3주 동안 일하고 퇴사했다. 내 길이 아니라고 느꼈다.

치료사로 다시 일할 기회가 생겼다. 관심 있던 학회에서 왔던 메일을 보고 도수치료 전문 병원에 지원했다. 인센티브 시스템을 처음으로 도입한 병원이었다. 일한 만큼 어느 정도 보상을 받는 구조였다. 지금은 대부분 병원이 이렇게 정착됐지만 그때로는 획기적이었다. 운 좋게도 입사해서 일했고 월급이 매우 급격하게 올랐다. 가치를 인정받는 순간이었다.

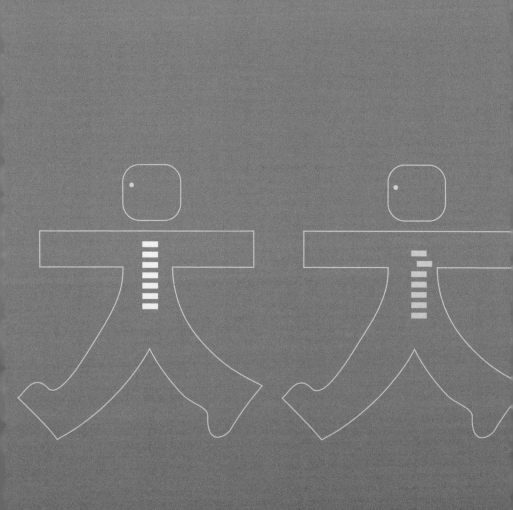

4장
최적화된 치료 전략

학회 교육 논쟁은 의미 없다

학회 교육의 필요성

치료사는 개인적인 공부도 많이 하지만 학회 교육을 통해 실력을 갈고닦는다. 현재 14개 종별 학회 내 43개 분과 학회가 있다. 또한 13개 연구학회가 있다. 물리치료 학문을 발전시키려는 학회와 그 교육을 통해 실력을 쌓으려는 치료사가 교육 현장에서 함께한다. 학회가 많은 만큼 각각의 학회는 철학, 접근, 기술 등이 상이하다. 근골격계, 신경계 학회 같은 종류의 종별 학회는 해당 분야에 필요하다고 여기는 내용이 비슷하지만 학회마다 지향하는 점엔 차이가 나게 마련이라 다루는 내용도 약간씩 다를 수밖에 없다. 학회 교육은 치료 및 중재 능력을 기르기 위해서 필요하다. 어느 학회가 나은지 왈가왈부하는 논쟁엔 의미가 없다. 치료사가 직접 본인에게 필요한 학회를 통해 실력을 기르고 닦으면 된다.

물리치료학은 서양에서 시작된 것이다. 따라서 오래전부터 다양한 치료 접근법이 전해내려온다. 외국 물리치료사의 역사적 흐름을 다룬 문헌 내용을 아래 간략히 소개한다.

의학의 아버지로 친숙한 히포크라테스(Hippocrates, 460-355)는 신체 부위를 당기는 견인 치료를 처음으로 언급했는데, 이는 지렛대 원리를 이용한 관절교정치료의 시초가 된 셈이다. 갈렌(Galen, 131-202)은 히포크라테스 후계자로 불리는데 탈구된 척추 치료를 했고, 히포크라테스의 치료를 보완하고 기록했다. 근대 해부학의 창시자로 일컬어지는 베살리우스(Andreus Versalius, 1514-1564)는 1543년 해부학을 상세히 묘사했는데, 이는 의학뿐 아니라 물리치료학의 기초가 되는 현재 해부학으로 발전되고 이어졌다.

1899년 영국에서 물리치료(physiotherapy)라는 정식 명칭이 생겼고, 약 20여 년 후인 1921년, 미국에서는 물리치료(physical therapy)가 시행됐다. 이후 지금 흔히 알려진 치료적 개념과 운동법들이 창안되고 발전하게 되었다. 1934년에는 어깨 운동 법 중 하나인 코드만 운동이 〈The Shoulder〉라는 저서를 통해 알려졌다. 1939년 디롬(DeLome)은 근력 운동 방법인 점진적 저항운동을 고안해 발표했다. 1949년 제임스 매넬(James Mennel, 1880-1957)은 관절 구조와 형태를 연구하고 관절을 움직여 치료하는 방법인 관절가동술(joint mobilization)을 대중에게 알렸다. 1961년 프레디 칼텐본(Freddy Kaltenborn, 1923-2019)은 이를 발전시켜 관절운동학(arthrokinematics)이라는 용어를 소개하고 교육했다.

1980년대 의사인 카렐 보바스(Karel Bobath, 1906-1991)와 물리치료사인 베르타 보바스(Berta Bobath, 1907-1991) 부부는 중추신경계 장애 치료를 개발했고, 신경발달학적 이론을 만들었다. 의사인 헤르만 카배트(Herman Kabat, 1913-1995)는 고유수용성 신경근촉진법(PNF)를 창안하고, 물리치료사인 매기 나트(Maggie Knott, 1913-1978)와 함께 PNF를 발전시켰다. 다 언급하진 못했지만, 근대에서 현대에 이르기까지 물리치료는 학문적 성취를 이뤘다. 고대 히포크라테스부터 근현대까지 이론을 보완하고 발전시키면서 여러 줄기로 갈라졌고 더불어 성장했다. 한 뿌리에서 나와 줄기를 세우고 잎과 열매를 맺은 셈이다. 철학과 개념은 다를 수 있지만 몸을 치료하고 다룬다는 점에서 다 도움이 된다. 따라서 학회 교육이 어떤 게 좋고 나쁘다는 논쟁보다는 다양한 교육을 통해 배우고 실력을 닦아 환자에게 더 좋은 치료를 제공했으면 한다.

하나의 학회 교육을 선택하여 끝까지 해내자

내가 처음 들었던 학회 교육은 어깨, 흉추 도수치료였다. 관절운동학 이론을 토대로 관절을 움직여 치료하는 관절가동술 실습을 했다. 기능해부학과 운동학, 촉진(신체를 손으로 진찰하는 방법), 검사, 실습을 반복했다. 근육 이완과 스트레칭도 배웠다. 사실 처음에는 관절 움직임을 제대로 느끼지 못했다. 오직 반복 연습만이 필요하다는 이야길 들었다. 맞는 말이었다. 이후에 두개천골요법(Cranio Sacral

Therapy; CST)과 내장기 도수치료(Visceral Manipulation; VM)를 배웠다. CST는 두개골, 척추, 천골(엉치뼈)에 손의 미세한 움직임으로 교정해나가는 치료법이며, VM은 복부에 손을 이용해 내장기능을 개선시키는 치료법이다. 기초가 쌓이지 않았지만 흥미로워서 신청했는데 힘을 빼고 하는 테크닉을 익혀서 도움이 되었다. 치료사로서 초보 단계일 때이지만 자신감이 붙었다.

신경계 운동치료실에 있을 때는 신경계 학회 교육에 참석했다. 3년 차까지는 근골격계, 신경계 학회를 가리지 않고 닥치는 대로 참석했다. 교육을 들으면서 대부분 좋다고 느꼈다. 관건은 교육 지식과 실습을 통해 교육 내용을 얼마나 받아들이고 연습하고 응용할 수 있는가, 하는 점이다. 교육에 단점도 있을 수 있지만 가장 중요한 것은 학회 경험이 단순히 교육 차원에서 끝나지 않고 현장에 얼마나 잘 적용하느냐로 확장되는 것이다.

학회가 크거나 작은 건 문제가 안 된다. 일단 하나의 학회를 선택하면 모든 과정을 꾸준히 다 이수하는 걸 권한다. 뭐든 하나를 파다 보면 다른 학회 교육도 이해가 잘 되고 융합하면서 발전할 수 있다. 여러 학회 교육에 참석하고 경험을 쌓으면 나만의 치료 방법이 생긴다. 필요에 따라 어떤 치료법이 좋을지 하나씩 꺼내 쓰면 된다. 물론 시행착오를 겪을 수도 있다. 학회 교육엔 교과 과정이 있으므로 다양한 케이스를 적용하려면 평가와 임상 의사 결정이 필요하다. 고민하고 생각하면서 직접 해봐야 한다.

관심 분야 넓혀가기

나는 물리치료학회 교육을 어느 정도 이수한 후 움직임 평가에 관련된 교육을 들었다. 움직임 평가도 물리치료사가 창안해서 치료실에서 충분히 사용할 수 있었다. 골프 피트니스와 관련된 교육은 카이로프랙터(chiropractor)와 티칭프로가 공동 설립자로서 창안한 프로그램이었는데 이것은 운동을 지도하는 데 도움이 되었다. 임상 고수들이 자신의 치료 기술과 노하우를 가르치는 교육에도 참석했다. 20년 차 이상 선배 치료사의 경험을 배울 수 있어서 좋았지만 때론 기존에 쌓은 지식과 상충하여 이해하기 힘든 부분도 있었다. 그렇게 교육에 계속 참가했다.

치료에 전환점을 가져온 계기는 미국에 갔을 때 찾아왔다. 한국 학회에서 열리지 않는 교육에도 참가하고, 현지 치료사들은 어떻게 하는지 궁금증도 풀겸 2014년 한 해 동안 미국에서 생활했다. 한국에 아직 소개되지 않는 교육도 있었는데 그야말로 신세계였다. 덕분에 움직임을 바라보는 관점을 넓힐 수 있었다. 머무르던 곳 주변에 롤핑 전문가가 있었다. 롤핑 센터에 가서 일 대 일로 배우기도 했다. 나는 이렇게 치료한다며 상대방을 직접 치료해주고 피드백도 받았다. 다른 관점에서 생각하고 치료적 접근을 고민할 수 있었다.

이곳저곳 다니며 교육과 세미나에 참석했다. 운동 관련 교육도 참여했는데 운동은 이론도 중요하지만 많이 해보는 게 중요한 것 같다. 치료 분야에서 배우는 운동과 스포츠나 체육 쪽에서 활용하는 운동은 다소 달랐다. 더 동적이거나 격렬한 동작을 직접 해보면서 느끼는 시간이 좋았다. 한 번은 한국에 소개되지 않은 세미나에 참석해 잘 배워서 한국에 소개하겠다는 야심 찬 계획을 세우고 교육에 임했다. 실습한 지 1시간 만에 힘들어서 움직일 수 없었다. 내 몸과 체력으로 봤을 때 도저히 할 수 없는 영역이었다. 아직도 한국에 소개되지 않은 것 같은데 누군가 배워서 소개하면 좋지 않을까 싶다.

그때 당시는 무작정 갔다. 나는 평범한 편인데 한 번 꽂히면 알 수 없는 선택을 하고 달려들곤 한다. 지금 생각하면 그때 앞뒤 안 재고 미국에 다녀오길 잘한 것 같다. 교육 내용 자체보다 현지 생활을 하면서 치료나 운동을 어떻게 생각하고 일상에서 하는지 배우는 소중한 경험이었기 때문이다. 교육을 들으며 어떻게 한국인에 맞추어 적용할지가 고민이었다. 주위에 지금도 기회가 된다면 외국에 나가 교육에 참석해볼 것을 추천한다. 교육도 참석하고 여행도 하면서 공부와 휴식을 취하는 시간이 됐으면 한다.

지금은 가끔 교육에 참여한다. 학술대회나 세미나 위주로 참석한다. 배움에는 기쁨이 있다. 하루 8시간 교육에 참석해서 한 가지만 배워가도 나름 성공했다고 생각한다. 개인적으로 8시간을 다 받아들일 머리가 되지 않는다. 치료사 생활을 하다가 지루하거나 무료해질 때 교육에 참석하는 것도 좋다. 다른 치료사들과 섞여 하다 보면 자극을 많이 받는다. 다른 분야의 교육도 좋다. 다른 분야 사람들과 만나 함께하는 교육엔 전혀 다른 재미가 있으니 말이다.

마지막으로 나만의 무기를 하나쯤 장착하라고 권하고 싶다. 나만의 무기란 여러 학회 교육과 스스로의 공부, 쌓은 임상 경험을 바탕으로 나만 할 수 있는 치료 방법을 말한다. 모방으로 시작했지만 독창적인 스타일로 업그레이드한 치료 기술이나 방식이 있으면 좋다. 사실 10년 차가 넘으면 각자 나름대로 나만의 무기가 생긴다. 같은 교육을 들어도 해석하고 사용하는 점이 달라진다. 이런 경험을 꾸준히 쌓아서 나만의 치료 기술을 확립해보자.

근거 vs 경험, 어떤 것이 우선인가

근거 기반 ICF 모델

치료 근거가 우선일까 경험이 우선일까. 치료할 때는 근거 있는 치료를 해야 하는 게 우선이다. 그러나 근거 기반 치료를 했는데 딱딱 맞아 떨어지면서 치료되는 경우가 100%인 건 아니다. 도리어 경험상 이렇게 했는데 좋아지더라는 노하우가 먼저 생기기도 한다. 고로 근거와 경험이 양립해야 한다. 근거 있는 치료를 기반으로 경험을 녹여낸다면 가장 바람직하다. 치료사가 알아야 할 근거 기반 치료 과정을 잘 나타내는 모델로 ICF 모델이 있다.

ICF 모델은 국제기능장애건강분류(International Classification of Fuctioning, disability and health; ICF)이다. 2001년 5월, 스위스 제네바에서 세계보건기구(WHO)에 새로운 장애건강분류로 소개되었다. 기

능과 장애를 포함한 전체적인 건강 상태를 설명한 모델이다.

기존에는 질병이나 질환을 해결해야 할 구조적 문제인 '생체의학적 모델'로 보았다. 사회·심리적 연결고리를 찾고 보완한 개념은 '생체심리사회적 모델'이다. 같은 진단명인데 개인의 특성과 둘러싼 환경에 따라 장애 정도가 달라질 수 있음을 감안한 것이다. 치료 접근 방법도 살짝 다르다. 생체심리사회적 모델에선 심리·사회적 요소를 고려하는데, 심리·사회적 요소를 고려하면 치료에 적용하는 범위가 넓어진다. 개인적 요소와 환경적 요소로 분류하고 서로 영향을 주는 관점이다. ICF 모델은 치료의 큰 그림을 그려주고 가이드 역할도 해준다.

ICF 모델에 더하여 전공 도서와 연구 논문도 근거가 된다. 전공 도서는 치료에 필요한 원인, 치료 등 다양한 내용을 포함한다. 연구 논문은 역학조사와 실험연구 등 학문적인 것들을 다룬다. 'Pubmed'와 같은 논문 검색 사이트에서 필요한 키워드를 넣어 정보를 얻을 수 있다. 내용이 방대하지만 상세한 정보가 필요할 때 도움이 된다. 그러나 100% 결과가 일치하고 어느 경우에나 옳은 건 아니기에 연구 방법이나 결과를 해석할 때 비판적으로 접근하고 치료에 적용해야 한다.

치료할 때엔 ICF 모델, 전공 도서, 연구 논문 등을 토대로 근거 기반을 마련한다. 하지만 글과 표, 그림으로 이루어진 내용만 가지고 환자에 적용하는 데 어려움이 생길 수 있다. SOAP 순서로 치료 결정을 한 후 치료는 근거 기반으로 하되 숙달된 경험 역시 배제해서는 안 된다. 똑같은 치료를 하더라도 누가 하느냐에 따라 결과가 달라지기 때문이다. 같은 운동을 하더라도 어떻게 될지 어떤 조언을 해주느냐에 따라 치료 효과는 물론 환자의 회복 심리가 달라진다. 그래서 경험을 무시할 수 없다.

근거 중심 치료에 경험을 더하다

그러나 경험만으로 모든 걸 해결할 수 있다는 생각도 경계해야 한다. 경험상 이렇게 했더니 좋아졌다, 라는 생각으로 매번 치료하면 아집이 생길 수 있다. 치료할 때 확신을 가질 수 있는 학문적 이론적 근거는 치료사 자신과 환자에게 믿음을 준다. 도수치료가 됐든 운동치료가 됐든 이러한 치료 행위가 왜 필요한지 설명할 수 없다면 근거가 빈약한 치료가 된다. '어떻게'가 전반적인 치료 과정이라면 '왜'는 근거 치료라 볼 수 있다.

치료사에겐 근거 있는 치료 경험을 쌓는 게 중요하다. 그런 면에서 기를 느끼면서 하는 행위는 치료라 볼 수 없다. 주관적인 데다가 근거가 명확하지 않기 때문이다. 기를 느끼는 행위 자체는 보여지거나 다른 사람이 했을 때 실현 불가능한 경우가 대부분이다. 예전에 임상 경험이 많은 강사가 교육 때 기 치료를 시현했다. 사실 느낄 수도 없고 근거가 무엇인지 제대로 설명도 해주지 않았다. 이게 좋으니 따라 하라는 식이었다. 그 선배 치료사는 환자들에게 도움을 줬을지언정 교육받는 사람들에겐 의문만 증폭시킬 뿐이었다.

대체보완의학의 현주소

요즘, 치료 분야에서 통합의학으로서의 대체보완의학이 떠오르고 있다. 대체보완의학은 기존 의학적 치료 방법에 속하는 않는 치료법을 말한다. WHO에 의하면 대체보완의학을 정규 의과대학 교과 과정에 없는 의학 분야, 병의원에서 다루지 않았던 의료 행위, 그 효과가 과학적으로 증명되지 않거나 그 증명이 부족한 의료, 의료보험의 급여 내용에 포함되지 못한 의료라는 개념으로 정의한다. 물리치료는 어느 경계선에 있을까? 물리치료학은 치료의학이자 보존적 치료로 보완의학에 속한다고 볼 수 있다. 병의원에서 다루고 있고 과학적으로 증명되는 학문이다. 과학적으로 증명이 부족하다면 물리치료로 보기 힘들다. 따라서 뒷받침할 수 있는 통용되고 인정된 연구 결과가 필요하다.

대체보완의학은 어디까지 왔을까? 대체보완의학 분야에 대한 연구가 이루어지고 있는 미국엔 국립보완통합의학센터(National Center for Complementary and Integrative Health; NCCIH)가 있다. 현대 의학을 보완하기 위해 보완통합의학으로 명명해 과학적인 연구 결과를 토대로 기반을 쌓아가는 중이다. 연구 결과가 많이 보고되는 명상, 요가, 카이로프랙틱, 마사지도 포함된다. 오랜 시간이 걸릴 수 있는 연구이지만 앞으로 인정도 받고 제도권 안으로 들어올 수 있다고 생각한다.

앞에서 나는 도수치료와 마사지의 차이를 평가의 유무라고 설명했다. 마사지도 치료적으로 하면 치료적 마사지라 불리며 물리치료의 영역이 된다. 그러나 치료가 되려면 반드시 평가가 필요하고 근거가 필요하다. 평가와 근거 다음에서야 치료로 이어진다. 물리치료학은 과학적 기반이 중요하므로 연구도 많이 진행된다. 따라서 치료사들은 이를 충분히 공부하고 활용하고 있는지 자주 반문해보아야 한다. 물리치료사로서 과학적인 치료를 하고 있는지 질문해보고, 너무 연구 논문에만 집중하고 있지는 않은지 경계해야 한다. 뭐든 한쪽에 치우치는 것은 바람직하지 않다.

앞에서 근거를 많이 강조했지만 경험도 중요하다. 치료하면서 쌓인 경험은 절대 무시할 수 없다. 골프에서 구력을 무시하지 못하듯 치료사의 일도 마찬가지다. 선배들을 따르게 되는 이유는 많은 지식을 가지고 가르쳐주는 부분도 있겠지만 경험에서 우러나오는 자세와 노하우를 알려주는 게 더 크다. 궁금했던 점이 있어서 물어보면 툭 하고 던져주는 경험들이 오랫동안 고민하던 문제를 쉽게 풀어주기도 한다. 주위에 경험 많은 선배 치료사가 있다면 그의 말을 늘 경청하고 배우자. 어렵게 쌓은 지식과 경험을 나누어주는 선배에게 예의를 갖추고 감사하자.

나는 병원에서 일할 때 좋은 선배들을 많이 만났다. 물어보지 않아도 먼저 알려주고 교육해주며 실력을 쌓도록 도와주었던 분들도 많다. 그때도 감사했지만 지금 생각해보면 대가 없이 알려주고 지도해주었던 선배들이 정말 고맙다. 나는 개인적으로 근거 있는 경험이 가장 중요하다고 생각한다. 근거에만 너무 신경 쓰면 머리가 아프고 현실감이 떨어질 수도 있다. 그렇다고 경험에만 의지하면 어딘지 불안할 때가 있다. 결국 우리 치료사들에게 필요한 것은 공부하고 노력해서 얻은 것들, 즉 근거에 기반을 둔 경험이 아닐까?

기회는 한 번뿐이라는 생각으로 일하자

첫 치료가 다음 기회를 결정한다

환자가 넘쳐 치료할 기회를 대수롭지 않게 생각하며 지나치는 치료사가 많다. 때로 치료사의 치료가 별로라서 다시 오지 않는 사람도 있다. 치료사가 기계적으로 치료에 임하는 걸 보고 환자 스스로 그만 오는 경우도 있다. 하지만 치료 기회는 과연 얼마나 있을까? 나는 지금까지 4번의 직장 생활을 했다. 업무 범위는 다양했지만 공통적으로 느낀 것은 대부분 "치료는 처음이 중요하다."는 점이다. 치료 실력을 발휘할 수 있는 기회는 한 번으로 결정된다. 그래서 나는 늘 기회는 한 번뿐이라고 생각하는 편이다. 연차별로 다양한 경험을 했지만 기회는 있는 듯 없는 듯 대개 한 번뿐이었다.

처음 일한 곳은 2달간 아르바이트하던 병원이었다. 병원은 시골 시장 입구에 있었고 어르신들이 많이 오셨다. 뜨거운 팩과 전기치료를 하고 5~10분 정도 도수치료를 하곤 했다. 쉴 새 없이 환자가 오가고 도저히 평가도 제대로 할 수 없었다. 나름대로 자신 있는 부위 외에는 퇴근하기 전까지 생각할 겨를이 없었다. 대신 환자에 집중해야 했다. 막 졸업한 치료사가 효과를 주기는 쉽지 않았다. 짧은 시간이었고 치료 기회가 있음에 감사한 순간이었다.

두 번째는 치료사 생활에 영향을 많이 미친 스포츠재활 병원이었다. 5년 차까지 있었으니 꽤 오랜 시간을 보낸 셈이다. 처음 도수치료 부서에 있었을 때는 15분 정도 일 대 일 치료를 했다. 이후에는 30분 예약제로 바뀌었다. 3년 차까지도 정신없었다. 밀려드는 환자와 준비해야 할 공부가 끊임없이 나를 기다리고 있었다. 그때는 주사나 약 처방이 함께 나온 터라 내가 치료를 잘했는지 효과를 얼마나 주었는지 정확히 알 수 없었다. 내 앞에서는 효과적이라고 했던 환자들이 다른 부서에서 치료를 받고 있으면 묘한 느낌이 들었다.

운동치료실에서는 신경계 질환자를 몇 개월 동안 꾸준히 치료할 수 있어서 치료 효과가 있는지 없는지 대략 알 수 있었다. 만성 통증에 시달리거나 치료하기에 상황이 너무 진전된 환자들은 효과를 기대하기 힘들었다. 당시엔 실력도 부족했다. 아급성(급성과 만성의 중간 시기) 환자들은 차츰 좋아지는 모습을 보여 힘이 나기도 했다. 하지만 신경계 질환자들도 작업치료와 다른 처방이 병행됐기에 오

168

롯이 내 치료가 도움이 되는지 순수하게 가늠할 수 없었다. 근골격계 환자든 신경계 환자든 분명한 건 있었다. 공부하고 신경 쓴 환자일수록 효과가 좋았다는 것이다. 모두에게 최선을 다하려고 노력하지만 그중에서 생각나는 환자들이 있기 마련이다. 더 집중할수록 치료 성과가 잘 나왔다.

세 번째 직장은 대기업이 즐비한 도심지에 있는 병원이었다. 환자 한 명당 치료 시간은 60분으로 예약제였다. 치료사마다 각각 방이 있었다. 약과 주사 처방도 최소화해서 치료가 효과적인지 확인할 수 있었다. 이때부터 치료사가 직접 상담도 가능했다. 의사가 물리치료에 대해 완전히 맡기는 셈이었다. SOAP에 의한 치료가 충분히 가능한 시스템이었다. 그런데 문제는 일 대 일로 처음부터 상담-평가-치료-재평가-예약까지 다 해야 했다. 직접 이끌어가야 하는 부담은 있었지만 내 역량을 파악할 수 있었다.

기회는 한 번뿐이었다. 새로 온 환자의 경우, 내 상담이 마음에 들지 않으면 치료도 받으려 하지 않았다. 평가하고 설명을 충분히 해도 기회가 없었다. 정신이 번쩍 들었다. 예전에는 의사 처방대로 환자가 오면 성실하게 치료하면 됐다. 지금은 모든 것을 혼자 다 해야 했다. 어떻게 설명을 잘할 것인지, 더 친절하게 응대할지, 환자의 니즈(needs)를 빠르게 파악할지, 예약 취소 없이 스케줄을 짤지까지…… 모든 게 내가 고민해야 할 몫이었다. 치료만 잘하면 되는 게 아니라 치료 과정 자체를 적극적으로 이끌어가야 했다. 치료적인 부분은 두말 할 것 없이 신경 쓸 게 한두 가지가 아니었다. 자연스레 실력이 향상되었다.

치료사가 치료 서비스를 제공한다는 개념을 이때 명확히 깨달았다. 물건을 파는 직업이 아니기 때문에 보이는 모습, 말, 어투, 행위 등 모든 것이 치료였다. 상대를 배려하며 치료해야 했으니 고민이 많았다. 지금은 익숙해졌지만 그때는 분위기조차 힘들었다. 동료 치료사 중 하나가 이렇게까지 일해야 하나라는 말을 자주 했다. 환자들은 냉정하다. 치료가 마음에 안 들거나 별로면 두 번 다시 오지 않는다. 나는 그 시절 경험을 통해 치료적 마인드를 새롭게 장착할 수 있었다.

네 번째 직장은 우리나라에서 가장 번화한 도심 중심에 있는 병원이었다. 치료실이 없었던 관계로 치료실 인테리어, 동선, 치료기기, 프로그램, 소개 문구 등을 다 준비했다. 처음으로 총 책임자가 되었다. 오픈 병원은 아니지만 오픈 치료실이었다. 이번에도 약과 주사는 최소로 처방되었기에 치료사로서 역량을 발휘할 수 있었다. 담당 부서 의사 선생님도 물리치료에 대해 열린 마음을 가지고 있었다. 최대한 물리치료를 할 수 있도록 처방하고 나의 조언도 듣고 기꺼이 도와주셨다. 이번에도 치료 기회뿐 아니라 모든 과정이 내 몫이었다.

매번 첫 치료라는 생각으로

직장 생활을 끝내고 독립했다. 드디어 고대하던 센터 창업을 한 것이다. 일하면서 회원 관리뿐 아니라 많은 부분을 스스로 결정해야 했다. 직접 운영하면서 채용은 물론 업무 분담과 회원 상담까지 모두 내가 하고 있다. 그러나 내 센터라고 해서 회원을 상담하거나 관리할 때 기회는 한 번뿐이라는 상황이 달라지지는 않았다. 오히려 병원이 아니다 보니 어떤 곳인지 설명하고 관리하는 게 더 어려웠다. 찾아오는 사람을 만족시키지 못하거나 잘하지 못하면 그걸로 그만이다. 생각이 많아지면서 고민도 늘어났다.

처음 치료했던 환자가 생각난다. 내게 무조건 치료를 받아야했던 발목과 정강이 골절 환자. 그 환자가 선택을 할 수 있었다면 과연 내게 치료받고 싶어 했을까. 환자는 아파서 병원을 찾아온다. 병원에서 일하는 사람이니까 으레 전문가려니 하고 당연히 도움 받을 수 있을 거라 생각한다. 이런 상황에서 과연 나는 준비된 치료사일까, 기회가 왔을 때 잡을 수 있는 치료사일까 고민하게 된다. 물론 이 사람 외에 다른 환자가 오면 되는 거지, 하고 쉽게 생각할 수도 있다. 하지만 그렇게 생각했다면 치료사 생활에 진짜 재미를 못느끼거나 자부심을 갖기 힘들었을 것이다.

중요한 점은 나를 믿고 찾아오는 환자들에게 도움을 줄 수 있는가, 하는 점이다. 따라서 모든 환자를 이번이 처음이자 마지막이라는 생각으로 대하며 치료에 임해야 한다. 존경하는 선배 치료사가 말했다. "한 명 한 명 매번 최선을 다해라. 누가 알아줄 거라 생각말고 사회경제적 지위를 생각 말고 앞에 있는 사람에게 최선을 다하라." 저 연차 때 와 닿지 않았던 조언이 가슴을 콕콕 찌른다. 기회가 한 번뿐이라는 생각, 앞에 놓인 환자만 생각하고 최선을 다하는 마음과 행동. 나도 그렇고 여러 치료사에게 어찌 보면 당연한 치료 덕목이다.

매번 직장마다 성실하게 열심히 일했다. 물론 어딜 가더라도 장소가 중요한 게 아니라 마음이 중요하다. 치료를 할 때 이번이 마지막이라는 생각으로 치료하면 후련하다. 최선을 다했기 때문이다. 회복이 잘 안 됐어도 최선을 다했다면 그걸로 위안 삼을 수 있다. 아쉬웠다면 다시 잘 준비해서 해내면 된다. 어디에서든 마음만은 한결같이 가다듬는다. 앞에 있는 환자에게 최선을 다하는 치료사가 되자.

피드백을 요구하라

환자에게 직접 물어보기

치료실에서 환자에게 치료가 어떤지, 느낌이 어떤지 물어보는가?
치료사는 환자에게 피드백을 요구할 수 있다. 근육을 이완할 때 압
통이 있는지 물어볼 수 있다. 운동할 때 힘든지 쉬운지 물어보자.
균형 운동을 할 때도 발바닥이나 신체 부위에 어떤 느낌이 나는지
물어보자. 치료를 계획해서 적절하게 시행하는 것이어도 환자의
주관적인 의견도 충분히 고려해야 한다. 반드시 해야 할 치료라면
환자를 격려하고 달래며 하자. 치료할 때는 피드백을 통해 적절하
게 치료 프로그램을 수정할 수도 있어야 한다.

피드백의 사전적 의미는 "어떤 행위의 결과가 최초의 목적에 부
합되는 것인가를 확인하고 그 정보를 행위의 원천이 되는 것에 되

돌려 보내어 적절한 상태가 되도록 수정을 가하는 일"이다. 이런 면에서 치료는 피드백이 꼭 필요한 과정이다. 주관적 요소인 통증이 줄어들었는지 불편한 점이 해결됐는지 환자에게 직접 물어보아야 하지 않겠는가? 치료가 적절하게 되고 있는지 물으며 확인을 해야 환자가 만족하는 치료가 될 확률이 높아진다. 적극적인 환자는 느낌을 잘 표현하고 치료가 더 올바른 방향으로 갈 수 있도록 도와준다.

도수치료 중 근육 이완을 할 때 가벼운 압력을 줬을 뿐인데도 아파서 몸을 뒤트는 환자도 있다. 이때 통증을 호소하는 것은 근육 상태가 매우 좋지 않다는 반증이다. 아프면서 시원한 느낌을 받으면 그나마 아픈 것보다는 낫지만 통증이 있다는 것은 근육 상태가 역시 안 좋다는 뜻이다. 그럼 어떤 상태가 좋을까? 시원하거나 느낌이 없는 상태가 좋은 근육 상태다. 또한 근육이 평소 부드럽고 탄력이 있다가 힘을 줄 때 단단해지는 상태가 좋은 상태다. 근육을 풀 때 환자에게 근육 느낌이 어떤지 물어보고 답하면서 이 상태를 설명해준다. 근육 회복 단계를 보면, 먼저 아프기만 했던 근육이 아프면서 시원해지고, 그다음 시원해지고 느낌이 없어지는 과정으로 이루어진다. 처음 왔을 때를 기준으로 근육 상태의 느낌을 환자도 변화를 통해 알 수 있다. 기준을 서로 공유하고 피드백을 주고받는다.

사례로 보는 환자 피드백

반면 치료할 때 통증이 생겨도 계속 진행해야 하는 예외적인 경우가 있다. 관절이 굳은 상태에서 수동적 관절 운동을 할 때 어느 정도 통증이 생긴다. 관절의 끝 느낌(end feel)을 느끼며 조금씩 늘려가야 한다. 이때 환자는 통증을 느낀다. 예를 들어 오십견 환자의 어깨는 올라가지 않고 수동적인 관절 운동을 한다. 이때 어느 정도 통증을 느낀다. 하지만 과도한 통증을 느끼게 하면 안 된다. 통증을 무시하고 관절 운동을 하면 나중에 팔은 다 올라가는데 통증이 남아 있는 상황이 생기기도 한다. 따라서 환자에게 통증이 너무 심하지 않은지 물어보며 적절한 치료가 필요하다.

무릎 인공 관절 수술을 받은 경우도 처음에는 무릎 관절치료기(CPM)로 수동 운동을 한다. 이후에 치료사가 수동적 관절 운동을 통해 무릎 굴곡 각도를 늘리는데 이때도 통증이 발생한다. 환자의 반응을 살펴보면서 피드백을 주고받으며 관절 끝 느낌을 늘려간다. 과도하게 늘리는 경우 환자가 힘들어하면서 트라우마(지속적인 영향을 주는 격렬한 감정적 충격)가 생기니 조심해야 한다. 간혹 수동적 관절 운동을 하고 트라우마가 생겨 치료를 거부하는 환자가 오기도 한다. 피드백의 중요성을 알게 해주는 예이다.

운동치료가 너무 쉬우면 운동 효과가 떨어지고, 운동이 지나치게 어려우면 원래 목적이 아닌 보상 작용을 일으킨다. 처음부터 환자 평가를 통해 적절한 난이도를 결정해야 한다. 운동을 하면서도 환자가 힘들지 않은지 확인해야 한다. 목표 근육이 활성화되는지도 확인하고 직접 물어보기도 해야 한다. 환자가 꾀를 내어 운동을 안 하는 경우도 있으니 잘 판별해서 운동을 지도한다. 주관적 호소를 잘 듣고 상태를 살펴야 한다.

운동할 때 주관적인 느낌을 나타내는 표가 있다. 이것을 운동자각도라고 한다. 운동자각도(Rating Perceived Exertion; RPE)는 0부터 10까지 표를 통해 0은 쉬운 상태고 10으로 갈수록 어려운 상태를 나타낸다. 환자에게 0부터 10까지 몇인지 표정을 살펴보며 의견을 묻는다. 6부터 20까지로 표시된 심박 수를 기초한 운동자각도도 있다. 운동자각도를 이용해 환자가 현재 하는 운동이 어느 정도 난도로 느끼는지 확인해보자. 운동자각도는 환자의 느낌을 쉽게 측정할 수 있다는 장점이 있다.

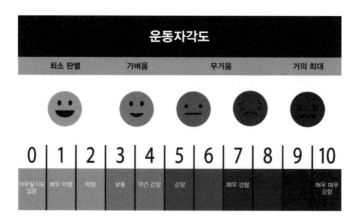

운동자각도

한 발 서기 같은 균형 운동을 할 때 몸이 많이 흔들리는 것에 초점을 맞춘다. 환자에게 발바닥 압력이 어느 쪽으로 이동하는지 체중 이동에 대해 물어보자. 한 발 서기를 잘한다면 앞, 뒤, 내측, 외측으로 발바닥 압력을 이동시킨다. 스스로 잘 느끼는지 확인하는 게 중요하다. 다양한 균형 운동을 통해 난도를 올리고 피드백을 요구한다. 처음부터 어려운 균형 운동을 하면 낙상 사고가 일어날 수 있다. 운동 단계는 쉬운 상태에서 올려나간다. 또한 항상 치료사는 환자를 가까운 위치에서 보호해야 한다.

환자의 요구를 다 들어줄 필요는 없다

피드백 시 무리한 요구를 할 때 적절한 거절도 필요하다. 예를 들어 근육 이완을 하는데 굳이 하지 않아도 되는 부위를 더 해달라고 할 때다. 때로는 환자 측에서 강한 압력으로 눌러달라고 요구할 때도 있다. 이런 경우 잘 설명한 후 정중하게 거절한다. 치료사 가운데엔 환자의 요구를 다 들어주다가 본인의 몸을 망가트리는 경우가 종종 있다. 치료에 불필요하거나 치료사 자신에게 탈이 날 수 있을 때엔 어려운 일이지만 부드럽게 거절한다. 환자의 무리한 요구를 다 받아주다 보면 치료사 일에 회의를 느끼는 순간이 생긴다.

동료 치료사의 일화다. 도수치료를 하는데 환자가 더 강한 압력으로 치료해줄 것을 요구했다. 지압이나 경락마사지를 오래 받으면 익숙해져서 종종 세게 해달라고 하신다. 동료 치료사는 현재 하는 도수치료가 왜 이렇게 부드럽게 하는지 잘 설명했다. 만족하지 못한 환자는 '초등학교 5학년생인 손자가 해도 이것보다 낫다.'는 말을 했다. 동료 치료사는 기분이 상했고 도수치료에 회의를 느끼고 운동치료 병원으로 이직했다. 그 후에 슬럼프를 겪고 치료사 생활을 그만뒀다. 현재는 다른 일을 하고 있다.

환자는 아파서 예민하고 가끔 예상치 못한 말과 행동을 할 때도 있다. 사실 임상에서 비일비재하게 만나는 예들이다. 피드백을 요구하고 받을 때 몸을 보호하면서 하거나 충분한 설명만이 난감한 상황을 잘 이겨낼 수 있다. 치료사에게는 항상 몸이 우선이다. 혹사하면 안 된다. 다른 환자를 치료하기 위해 체력 안배를 잘 하고 몸을 보호해야 할 의무와 권리가 있다. 환자 피드백을 듣되 자신의 몸을 살피며 적절하게 해야 한다. 일은 장기전이기 때문이다.

치료사와 환자 서로 간에 주고받는 피드백은 매우 유용하다. 피드백을 통해 의견을 모아 적절한 치료와 방향을 설정할 수 있기 때문이다. 피드백을 요구하고 수정하는 치료사가 되자. 환자도 자신의 의견을 듣고 치료 방향과 방법을 유연하게 하는 치료사에 신뢰감을 갖는다. 환자는 자신의 이야기에 귀 기울여주는 치료사를 선호한다. 더 나은 치료를 원한다면 적극적으로 환자와 소통하자.

치료실 밖으로 과제를 내주는 방법

과제 내주고 반복 확인하기

치료 시간은 순식간에 지나간다. 뭔가 더 해주고 싶은데 시간이 짧으니 야속할 때도 있다. 일주일에 치료실에 3번 오는 환자의 경우를 예로 들면 적어도 3시간 정도는 치료를 받을 수 있다. 그러나 이 3시간은 도움이 될 때도 있지만 턱없이 부족할 때도 있다. 따라서 환자가 치료실 밖에서, 즉 직장이나 집 혹은 출퇴근길에 할 수 있는 생활습관을 알려주고 운동과제를 내주는 것도 큰 도움이 된다. 과제를 내준다고 해서 환자 모두가 열심히 하는 건 아니다. 경험상 10명 중 1~2명이 할까 말까다. 그래도 10명 중 1명이 과제를 해서 더 빨리 회복할 수 있다면 시도해볼 만하다. 어떻게 하면 치료실 밖에서 잘할 수 있게 과제를 내줄 수 있을까?

먼저, 생활습관에 해당될 경우 반복적으로 확인하고 이야기한다. 일종의 세뇌 작전이다. 본래 가지고 있던 생각이나 행동을 바꾸기 위해 의식할 때까지 말하고 또 말한다. 예를 들어 다리를 자주 꼬는 여성에게 다리 꼬면 골반과 척추가 틀어져서 나을 수 없음을 말한다. 치료 전에 이야기를 하고 치료 중과 후에도 이야기한다. 그리고 확인을 받는다. 안 좋은 습관에 대해 상담부터 치료하는 도중까지 반복적으로 이야기해준다. 어떨 때는 귀에 딱지가 붙을 정도로 들어서인지 환자가 먼저 이야기한다. 환자가 내 말을 기억하고 말하면 뿌듯해진다.

반복적으로 이야기하고 확인으로 끝나서는 안 된다. 포스트잇 같은 붙이는 메모지에 적어서 모니터 옆이나 평소 잘 보이는 곳에 놓도록 한다. 이것은 환자가 먼저 알려준 방법이다. 코어 운동 중 골반저근 수축이 필요한 환자 경우 모니터 제일 중앙에 '똥꼬 힘!'이라는 메모를 붙였다고 한다. 보일 때마다 힘을 줘서 골반저근 운동을 하는 데 도움이 됐다는 것이다. 그러면서 자신의 노하우를 널리 알려달라고 했다. 다른 환자들에게 이 사례를 들며 메모지를 이용해 다시 보고 행동할 수 있게 유도한다.

최대한 쉬운 과제를 내자

운동 과제를 내줄 때도 치료사에겐 고민이 많다. 집에서 하는 운동은 처음에 1~2가지 꼭 필요한 운동만 가르쳐준다. 쉽게 맨몸으로 할 수 있는 동작 위주로 지도한다. 치료사로서는 간단한 운동이지만 환자에겐 한 동작도 정확하게 수행하기 어려운 게 보통이다. 운동의 모든 동작은 정확해야 한다. 그렇지 않으면 다른 목적의 운동이 되면서 오히려 현 상태를 악화시키기도 한다. 또한 여러 운동을 가르쳐주면 좋지만 환자들이 곧잘 잊어버리기 때문에 처음엔 1~2가지 운동만 가르쳐주고 이것이 몸에 익숙해지면 계속 확인하면서 가짓수를 늘려간다. 쉬운 동작에 적응하게 한 다음 다양한 운동과 복잡한 운동을 과제로 내줘야 한다.

병원에서는 환자에게 필요한 운동 동작을 종이 한 장에 인쇄하여 주기도 한다. 이때 반드시 인쇄된 운동을 치료사가 직접 시연하면서 환자에게 주의사항을 알려줘야 한다. 설명이 있어도 혼자서 따라 하는 건 어렵기 때문이다. 직접 동작을 보여주면서 따라 하게 한다. 통증이 있을 때는 피하게 하고 무리가 온다고 하면 수정된 동작과 운동법을 설명해준다. 종이에 안내한 운동이 표준이지만 사람마다 몸이 다르기 때문이다. 때론 사람마다 증상과 기능 제한이 일치하지 않은 경우 그에 맞는 운동 방법을 응용해서 알려준다.

환자의 핸드폰으로 운동할 때 모습을 사진이나 영상으로 남기는 방법도 좋다. 사진을 찍으면 기억이 난다. 영상은 설명 또한 녹음이 돼서 보고 들으며 따라 하기 좋다. 환자가 운동하는 모습을 찍기도 하고, 치료사 모습을 찍기도 한다. 선호하는 방법은 치료사가 동작을 먼저 보여주고 이를 영상으로 찍게 하는 것이다. 또한 운동마다 각각 저장한 후 하나씩 볼 수 있게 한다. 치료실에 다시 왔을 때 영상을 보고 잘했는지 확인하고 동작을 살핀다. 보이는 것과 실제로 하는 동작이 달라질 수 있어서 능숙하게 할 때까지 매번 확인한다.

그 밖의 과제 내기 노하우

운동을 할 때 전신 거울을 이용하게 한다. 한 쪽이 문제인 경우 반대쪽 잘 되는 부분을 따라 하게 한다. 비대칭으로 되는지 각도가 달라지는지 확인할 수 있다. 운동 일지를 작성할 수도 있다. 하루에 필요한 운동을 얼마나 했는지 환자 스스로 작성하게 한다. 시각적으로 보이고 되돌아볼 수 있는 방법들은 유용하다. 과제를 내줬을 때 확인은 필수고 잘했을 때는 격려한다. 바빠서 못 한 경우에도 다음에 더 잘 할 수 있도록 응원을 아끼지 말자. 그러나 운동이 꼭 필요한 시점인데 환자가 이를 지키지 않았을 때엔 가끔 질책해도 좋다. 다만 의지가 꺾이지 않도록 질책의 완급을 조정하는 게 중요하다.

과제를 내줄 때 장소마다 다르게 내준다. 직장에서 운동할 경우라면 업무 환경 구조를 먼저 파악한다. 책상이 붙어 있거나 장소가 협소한 경우 의자에 앉거나 제자리에 서서 할 수 있는 동작을 알려준다. 벽이 있다면 등을 대거나 손을 마주잡고 할 수 있는 동작도 알려줄 수 있다. 고정된 의자에서 하는 운동도 있으니 업무 환경만 알면 여러 가지 상황에 맞는 운동을 제안할 수 있다. 업무 환경 구조에 대해서도 이야기해보고 과제를 내주자.

출퇴근 방법을 물어보는 것도 좋은 방법이다. 직접 운전하는 경우는 아무래도 운동하기 힘들다. 차가 잠시 멈춰 있을 때 가볍게 몸을 푸는 정도밖에 할 수 있는 게 없다. 지하철을 이용하는 경우라면 서서 할 수 있는 동작과 앉아서 할 수 있는 동작을 알려준다. 손잡이를 잡고 까치발을 들어 장딴지 근육을 강화시킬 수 있다. 발등을 들어 정강이 근육을 강화시킬 수 있다. 앞, 뒤, 외측, 내측으로 무게 중심을 이동시키는 연습을 권하기도 한다. 환자 상태에 맞는 적절한 운동을 권해보자.

환자들은 대개 일차적으로 치료실 안에서 좋아지길 바란다. 그러나 치료사는 치료실 안팎에서 어떻게 하면 환자가 더 좋아질지 생각하는 사람이다. 물론 치료사들이 고민해보고 여러 운동법을 알려줘도 사실 잘 따라 하는 환자는 많지 않다. 숙제는 다들 왠지 싫고 귀찮아하게 마련이니까. 그렇다고 해서 강제성을 가지고 할 수도 없는 노릇이니 어떻게 하면 나의 환자가 흥미롭게 운동 치료를 할 수 있을지 그 방법을 계속 고민해야 한다. 누군가 과제 잘 내주는 방법을 알려줬으면 좋겠다는 생각도 한다. 과제는 회복을 돕기도 하지만 좋아져서 치료가 종료된 후에도 다시 나빠지지 않게 예방할 수 있기에 매우 중요한 요소이다. 과제를 잘 내주는 방법에 대해 고민해보자.

치료하던 중 사고를 냈던 순간들

아찔한 사고는 순간적으로 발생한다

연차가 낮을 때는 치료 성공보다 실패가 더 많았다. 고 연차가 되면 약간 달라지지만 실패는 자의든 타의든 일어난다. 고 연차가 되면 성공 확률이 조금 높아지고 해줄 수 있는 게 많아지지만 치료는 항상 어렵다. 또한 시간이 걸린다. 한 번 치료해서 좋아지는 기적은 거의 일어나지 않는다. 실패를 무서워해서 치료를 놓을 순 없지만 환자가 회복되지 않으면 기분이 좋지 않다. 치료에 들어가면 실전이다. 수많은 환자를 치료하면서 초보 시절 사고 냈던 경험을 창피하지만 소개하고자 한다.

환자를 악화시킨 순간이 있었다. 1년 차 때 70대 후반 여성이 치료를 받으러 왔다. 엎드려 누운 상태였는데 척추기립근(척추 양 옆을 따라 몸통을 세우는 근육)을 이완시켜야 했다. 자세가 잘 나오지 않아 손을 옮기는 와중에 체중이 실리며 뚝 하는 소리가 났다. 뭔가 잘못 됐음을 바로 알았다. "괜찮으세요?" 여쭤보니 처음에는 괜찮다 하시더니 이윽고 갈비뼈에 심한 통증을 호소하셨다. 갈비뼈 골절이 일어난 것이다. 즉시 사과를 드렸고 의사 선생님에게도 알렸다.

X-ray 촬영 결과 갈비뼈에 금이 갔다는 이야길 들었다. 얼굴이 빨개지고 화끈거렸다. 전화로도 사과드리고 환자가 치료실에 올 때마다 사과드렸지만 얼굴을 들 수 없었다. 환자는 괜찮다며 처음에는 그럴 수 있다며 오히려 위로했다. 시간이 지나면서 환자는 회복이 되었다. 그때부터 갈비뼈에 큰 압력이 실리지 않게 단단히 신경 쓴다. 연세가 많은 분들은 뼈가 약하다는 기본적인 상식을 알고 있음에도 실수를 한 것이니 두고두고 생각날 수밖에 없었다. 크게 문제가 되진 않았지만 어쨌든 처음 큰 실수를 저질렀다. 아직도 죄송할 따름이다.

2년 차 때 운동치료실에서 일했을 적의 일이다. 40대 후반 척추 손상 환자가 왔다. 흉추 레벨로 허리 밑으로 마비된 분이었다. 오랫동안 재활을 해서 베드에서 휠체어로 이동하거나 앉아서 하는 일은 대부분 능숙하게 하셨다. 상체를 잘 써야 했기에 근력 강화를 더 시키고자 했다. 무거운 저항을 주고 근력을 향상시키고자 했는데 무리가 돼서 어깨 힘줄염이 생겼다. 한동안 팔을 들어 올리지 못하고 고생하셨다. 환자에게 운동을 너무 무리하게 시켜서 일어난 일이라고 죄송하다고 말씀드렸다. 환자는 종종 일어나는 일이라 괜찮다고 했다.

　그 일로 담당 치료사가 바뀌었다. 아무래도 한번 그런 일이 일어나면 환자는 안 오게 되든지 숙달된 치료사로 변경을 요구한다. 이후로 운동을 할 때는 난이도 조절을 위해 평가를 더 신경 쓴다. 환자는 괜찮다고 하지만 안전한 방법으로 보수적으로 시키게 되었다. 다시 자신감이 회복되는 데 시간이 약간 걸렸지만 평가의 중요성과 피드백을 수시로 확인하는 계기가 되었다. 환자는 더 좋아지려고 왔는데 나빠졌으니 기분이 어떨지 상상이 간다. 당시 변경된 선배 치료사와 운동을 잘 하는 모습을 관찰하며 고민하고 생각하는 치료사가 되기로 다짐했다.

　3년 차 때 50대 남성 환자가 뜨거운 팩과 전기치료 처방을 받고 치료실에 오셨다. 자신은 뜨겁게 받고 싶다며 상의를 벗고 누우셨다. 뜨거울 수도 있는데 괜찮겠냐고 물었다. 괘념치 마라 하시며 피곤해서 눈 좀 붙일 테니 전기치료를 5분만 늦게 해주라고 부탁했다. 시간이 흘러 전기치료를 하려고 뜨거운 팩을 내리자 벌겋게 달아오르고 화상을 입었다. 열을 대서 피가 몰려 빨갛게 된 게 아닌 1도 화상을 지나 2도 화상 직전이었다.

　환자가 괜찮다고 했지만 주의를 기울이지 않은 나의 실수였다. 죄송하다고 말씀드렸고 진료를 볼 수 있게 안내드렸다. 치료실 안에서 일어나는 일은 치료사의 책임이다. 환자가 어떤 요구를 했든 일어날 수 있는 상황을 생각하며 최대한 안전하게 주의를 기울여야 했다. 신경이 쓰이는 경우 한 번씩 확인하면서 악화되지 않는지

봐야 하는데 소홀히 한 셈이다. 이후로 수건을 한 장 더 감싸던지 뜨거운 팩을 할 때 주의하게 되었다. 쉽게 지나칠 수 있는 금기증과 주의사항을 더 생각하게 되었다. 사고는 찰나에 일어난다.

5년 차 때 일이다. 허리디스크 탈출증을 진단 받은 40대 초반 남성이 있었다. 허리를 숙일 때 아프고 골반을 받치고 걸으셨다. 평가하고 뻣뻣한 근육을 이완시켰다. 척추 교정을 배워 자신감도 생기고 이 환자에게 교정을 했다. 방향이 잘못됐는지 큰 자극을 줘서 통증이 더 심해지고 허리를 젖히기도 힘들어하셨다. 더 빠른 회복을 위해 도움을 드리려다가 오히려 더 악화됐다. 환자에게 심하게 혼났다. 혼나는 게 나았다.

10년 차가 넘어도 실수할 수 있다

치료를 하다 보면 이걸 해야 되나 말아야 되나 하는 순간이 있다. 문제는 항상 이때 발생한다. 조금 안전하게 치료하고 다음에 더 보충하면 되는데 욕심을 부리면 탈이 났다. 이후 10년 차까지 큰 사고 없이 치료를 했다. 방심이 문제던가. 10년 차가 마무리될 무렵 사고를 쳤다. 그것도 예전에 했던 실수였다.

70대 중반의 여성 환자였다. 6번 치료할 때까지 호전되었다. 통증도 줄어들고 움직임도 좋아졌다. 7번째 치료를 하다가 조금 더 강하게 해줬으면 한다는 말에 체중을 조금만 더 주자는 생각으로 했는데 뚝 소리가 났다. 1년 차 때 사고가 빙의된 순간이었다. '앗' 하는 소리와 함께 갈비뼈를 움켜쥐셨다. 갈비뼈가 골절된 거 같다고 말씀드리고 의사 진료를 청했다. 숨을 쉬기 힘들어하셨고 난 죄송하다고 계속 사과했다. 그렇게 같은 사고를 두 번 반복했다. 나중에 회복되셨지만 오다가다 인사를 할 때마다 안부를 묻고 죄송스러운 마음은 가시지 않았다.

10년 차라고 해서 치료가 다 성공적인 건 아니다. 도움을 드릴 수 있는 실력이 더 늘긴 했지만 사고는 언제나 한 순간에 일어난다. 항상 조심하고 또 조심하고 있다. 사고가 나는 경우는 지식이 부족하고 몰라서, 주의를 기울이지 않아서 둘 중 하나다. 환자가 자세를 바꾸다가 테이블에서 떨어지는 경우도 드물게 일어난다. 하지만 자세를 바꾸다가 떨어져도 치료사 책임이다. 치료 공간에서는 치료사가 책임자기 때문이다. 항상 자세를 바꿀 때도 조심하셔야 된다는 이야기를 한다.

치료 전부터 실패하지 않는 방법이 하나 있다. 상담과 평가할 때 치료 할 수 없는 영역인지 판별해야 한다. 수술이 필요한 경우, 염증이 심해 무리를 주면 안 되는 경우 등 치료사가 할 수 있는 부분인지 생각한다. 그래야 환자에게 도움이 된다. 직접 치료하지 않았어도 다른 의료전문가에게 의뢰 요청을 한 경우 치료에 성공했다고 본다.

오늘도 조심해서 치료하려고 긴장하고 신경 쓴다. 그게 치료사의 기본 임무 중 하나이다. 치료를 잘 해서 회복시키는 것보다 사고가 안 나고 실패하지 않게 노력해야 한다. 실패가 무서워서 위축될 필요는 없지만 신경 쓰며 조심해야 한다. 이렇게 부끄럽지만 사고

쳤던 일들을 이야기하며 다들 큰 사고 없이 일하길 바라본다. 실수를 줄이고 항상 조심하자.

그만두고 싶었던 순간_치료가
안 될 때 쌓이는 스트레스

치료가 매번 잘될 순 없다. 치료 실력이 부족한 경우도 있고 온갖 변수가 있다. 그래서 치료가 안 되면 스트레스다. 좋아질 때가 됐는데 안 되면 원인이 무엇인지 다시 생각하게 한다. 치료가 안 되면 이 길이 맞나 생각한다. 실력이 안 느는 건지, 어려운 케이스만 하는 건지, 환자가 자주 안 와서 그런 건지 온갖 핑계가 생긴다. 특정 시기 동안 해결이 되지 않고 미궁에 빠질 때가 있다. 그럴 때마다 슬럼프를 겪게 되고 이 일을 계속 할까 고민된다.

치료가 안 될 때 쌓이는 스트레스는 연차가 적을 때도 그렇지만 경력이 늘수록 더하다. 시간과 노력을 많이 쌓았음에도 실력이 안 느는 느낌이 들기 때문이다. 스트레스 받지 마세요, 라고 환자에게 이야기하는데 정작 내가 받고 있었다. 어려운 케이스의 환자, 치료

진전(progress)이 더딘 환자, 더 나빠지지 않게 유지하는 환자, 일로 인해 잘못된 동작을 반복하는 환자 등이 한꺼번에 몰릴 때가 있다. 2년에 한 번 정도 그런 시기가 오는 것 같다.

가장 최근에 느꼈던 시기는 작년이었다. 10여 년 전부터 시작된 허리통증으로 힘들어 한 40대 여성 환자였다. 허리디스크 수술을 2회 한 후에도 통증이 남아 있었다. 야근도 하지만 심리적인 요인도 있어 보였다. 심인성 요통증후군으로 직장에서 받는 스트레스, 가정에서 스트레스가 복합적으로 몸을 긴장하게 만들었다. 치료할 때는 괜찮고 집에서 간단한 운동을 하는데도 증상은 매번 제자리였다. 5개월 동안 약간 증상이 줄었을 뿐 큰 차도는 없었다.

파킨슨 질환이 있는 60대 후반 남성도 있었다. 약을 드시면 어느 정도 몸이 떨리는 진전(tremor)은 조절됐지만 구부정한 자세가 심했다. 자세를 펴고 보행에 필요한 운동치료를 꽤 했다. 앉아 있는 시간이 많고 굽은 등이 심한 편이었는데 차도가 없었다. 대학병원에서도 재활을 하고 나와 운동하면서 노력했지만 퇴행성 변화가 진행되는 파킨슨병은 오랜 인내가 필요한 질환이다. 완전히 낫는 건 사실 힘들고 기능 제한을 줄이고 더 나은 움직임을 목표로 치료한다. 따라서 환자도 치료사도 인내를 가져야 한다.

긴장성 두통이 심한 분도 있었다. 30여 년 전부터 시작된 두통으로 고통 받는 40대 후반 남성이었다. 두통이 시작되었을 때 약을 바로 먹지 않으면 그날 일을 못할 정도로 증상이 심했다. 항상 바지 안주머니에 상비약을 넣고 다닌다고 했다. 시각통증척도(VAS)상

8~9점이었는데 3~4점으로 낮아지긴 했다. 직업 특성상 운전을 하루에 5시간에서 10시간 하는 분이었다. 일이 많거나 스트레스를 받으면 바로 통증이 VAS 7~8로 증가됐다. 그분의 경우 되돌이표가 되곤 하니 어떻게 접근해야 할지 고민이 되었다.

위와 같이 어려운 케이스가 같은 시기에 대부분 온다면 치료사의 고민은 커진다. 환자들은 좋아질 거라는 믿음으로 오는데 증상과 기능 제한이 심한 경우 회복이 더디다. 그래서 스트레스가 쌓인다. 환자가 좋아지고 싶어 하는 만큼 치료사도 환자를 좋아지게 만들고 싶다. 임상 경력이 쌓였음에도 어려운 환자 케이스는 존재한다. 시간을 아주 오래 두고 함께 가야 하는 환자들도 많다. 그래도 환자가 포기하거나 도리어 치료사가 포기하면 안 된다. 쉬운 케이스만 있다면 좋겠지만 그랬다면 오히려 치료사를 일찍 그만뒀을지도 모른다. 어려운 케이스 환자가 있어 스트레스를 받지만 포기하지 않고 여전히 치료사로서 일하나 보다.

5장
의사소통과 신뢰 쌓기

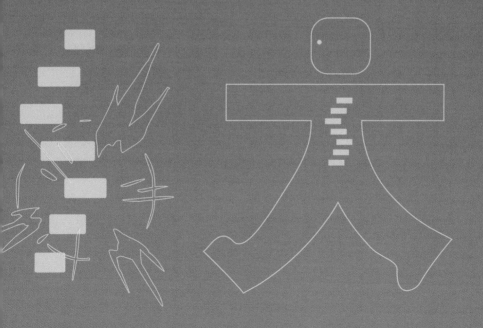

어떻게 이야기할 것인가

환자 이야기 경청하기

치료사는 환자와 매일 이야기한다. 안내부터 시작해서 치료적인 설명과 답변까지 이어진다. 사적인 이야기부터 시시콜콜한 일상 이야기까지 여러 가지 소재로 대화한다. 과연 나는 어떻게 이야기 하는 치료사인가 생각해보자. 환자와 어떻게 이야기할지는 의사소 통이라는 관점에서 이해해야 한다. 환자 말을 듣고 단순히 대답하 는 것 이상으로 의사소통을 잘하려면 치료사에게도 기술과 태도가 필요하다. 치료 능력이 좋더라도 소통이 되지 않는다면 실력은 반 감된다. 오히려 실력을 제대로 펼칠 기회가 줄어든다.

환자가 우선이 아닌 질환에 초점을 맞추면 소통이 힘들다. 진단 명과 X-ray, CT, MRI 결과 등 자료에만 집중하여 이야기하는 경우를 말한다. ROM, MMT 등 평가에만 의존해서 이야기해도 안 된다. 환자 우선 중심이라는 의미는 상담할 때 환자의 이야기, 환자의 느낌을 포함시킨다는 의미이다. 환자 중심 이야기는 같은 진단을 받은 환자라도 개인의 가족 관계, 교육 과정, 사회적 배경, 심리 상태 등을 고려한다. 환자의 이야기를 주의 깊게 들으며, 이해하고, 이를 바탕으로 치료하는 과정으로 이어가야 한다. 의사소통은 경청하기, 말하기, 공감하기, 신체 언어, 표정, 시선, 음성과 말투 등 언어적·비언어적 유형이 다 포함된다.

경청은 가장 중요한 역량이다. 잘 듣는 게 우선이다. 의료인과 환자 간 상담 기록을 연구한 결과에 따르면, 환자가 처음 이야기를 시작할 때 끝까지 말한 경우는 1/4이라 한다. 환자 이야기가 중단되는 평균 시간은 12초, 다른 연구에서 18초라고 한다. 환자가 충분히 이야기할 시간이 확보되지 못한 셈이다. 환자 이야기를 중단시키지 않으면 대부분 45초 이내에 멈춘다고 한다. 말이 아주 많은 환자의 경우엔 2분 30초 정도면 멈춘다고 한다. 2분 30초면 사실 긴 시간이 아니다. 따라서 시간이 없어서, 라는 이야기는 자칫 변명이 될 수 있다. 치료하면서 이야기할 기회가 충분한 상황에서는 환자 말에 충분히 귀를 기울여야 한다.

경청의 제1요소는 상대에 대한 진짜 관심이다. 환자로서 내가 하는 이야기를 상대가 잘 들어주고 있다는 느낌은 주로 비언어적인 유형에 더 영향을 많이 받는다. 치료사가 자신의 비언어적 표현에 세심하게 신경을 써야 하는 이유다. 우선 환자를 정면으로 바라본다. 팔짱을 끼거나 몸을 옆으로 돌리는 폐쇄적인 자세를 피한다. 환자 쪽으로 몸을 기울이고 부드럽게 시선을 마주친다. 계속 보거나 노려보면 환자가 부담스러워한다. 편안하고 자연스러운 환경에서 귀 기울여 들을 준비를 한다. 환자를 위해 충분한 시간이 있다는 뜻을 전해야 한다.

치료사의 의사소통 기술

환자가 이야기할 때 간단한 추임새와 질문을 통해 말을 더 잘할 수 있게 돕는 게 좋다. 환자가 말을 잘하게 하려면 개방형 질문을 던져야 한다. 단답형으로 끝나는 질문이 아니라 환자가 불편한 원인이 될 수 있는 상황을 충분히 털어놓을 수 있도록 개방형으로 질문한다. 치료사가 듣고 싶은 내용이 아니라 환자가 꺼내고 싶은 이야기를 들어야 하기 때문이다. 또한 말하는 도중 끼어들지 않도록 한다. 때로는 대화 중간에 잠시 침묵하는 것이 환자가 이야기를 끌어나가는 데 도움이 되기도 한다. 치료사는 환자의 일상으로 들어가야 한다. 환자의 생각, 걱정, 기대도 물어보면 도움이 된다.

치료사는 전달하고자 하는 내용을 간결하고 논리적으로 말해야 한다. 지나치게 크거나 작지 않은, 편안한 톤으로 친근감을 주는 자세를 취하며 대화를 끌어가도록 하자. 이때 환자가 치료사의 의도를 잘 이해할 수 있도록 듣는 사람의 이해 수준을 고려해야 한다. 환자들에게 어려운 의학용어를 그대로 사용해 이야기하면 알아듣기 힘들 것이다. 최대한 쉬운 언어로 말해야 한다. 예를 들어 오십

견인 경우 수동 관절운동이 필요한 상황이다. "GH joint와 그 주변에 근육 조직들이 유착(adhesion)되어 있고, 제가 수동적으로 관절가동술을 이용해 치료하겠습니다."라고 말하면 어떤 환자가 이해하겠는가? "어깨 관절이 굳어서 팔이 안 올라가는데 부드럽게 하기위해 제가 움직이는 운동을 하겠습니다."라고 설명해야 한다.

신체 언어는 환자가 말할 때 보이는 몸짓, 자세이다. 치료사도 신체 언어에 신경 써야 한다. 신체에서 가장 감정표현을 다양하게 할수 있는 부위는 얼굴이다. 우리는 대개 얼굴 표정에서 행복, 기쁨,두려움, 슬픔, 놀람, 분노, 혐오 등 주요 감정을 알아챌 수 있다. 치료사는 환자의 신체 언어나 감정을 살필 뿐 아니라 자신의 신체 언어에도 유의해야 한다. 이야기를 주고받을 때 미묘한 감정이 얼굴에 드러나면 환자는 긴장하거나 위축될 수 있다.

공감하기도 필요하다. 공감이란 상대 입장에서 생각하고 느끼는 것이다. 내가 환자 입장이나 상황에 처했다면 어땠을까, 라는 마음, 즉 역지사지하는 자세가 필요하다. 공감은 환자의 이야기와 느낌이나 기분을 있는 그대로 받아들이는 수용에서 시작된다. 환자가 말하는 내용을 무조건 비판적인 시각으로 바라보거나, 이 환자와 나는 가치관이 너무 달라서 이해할 수 없다, 라는 생각은 피해야한다. 최대한 있는 그대로 받아들인다. 적절히 질문하고, 경청하자.환자의 이야기와 느낌을 최대한 있는 그대로 받아들이도록 하자.

치료의 질을 높이려면 의사소통 능력을 키워야 한다. 치료를 잘하는 치료사들은 대개 의사소통도 능력도 뛰어나다. 이런 분들을 입 치료를 잘한다, 라고 표현하기도 한다. 환자가 편안해하며 신나게 이야기하고 치료 시간 내내 말이 끊이지 않고 화기애애한 분위기를 유지하는 치료사는 의사소통에 능하고 환자를 우선시하는 치료사다.

치료 시 상담기법

효율적인 상담기법으로 명료화, 즉시적 반응, 재진술, 직면이 있다. 명료화는 환자 이야기가 모호할 때 사용하는 질문이다. "~라는 뜻인가요?" "~ 라는 말이세요?"라고 환자 이야기의 핵심을 되짚어주는 방법이다. 환자들은 대부분 집에서 나올 때 생각해둔 내용의 삼분의 일도 이야기하지 못하고 돌아간다. 설령 궁금한 것을 거의 다 말한다 해도 십중팔구 정확도가 떨어지게 마련이다. 따라서 치료사는 환자가 구체적으로 자기 이야기를 할 수 있도록 돕고, 그 내용이 정확한지 확인해야 한다. 즉시적 반응은 치료사와 환자 간 즉각적인 피드백을 통해 서로 오해하거나 부정적인 행동이 있었는지 이야기하는 것이다. 상담할 때 적절하게 감정을 표출하고 개방적인 방식으로 이야기를 진행하는 것이 포함된다. 재진술은 환자가 이야기한 내용 중 일부를 치료사가 다시 반복해서 말하는 것이다. 환자 이야기를 요약해서 환자 자신이 주의를 기울이게 하는 방법을 말한다. 이때 치료사는 순화된 표현으로 바꿔야 한다. 환자가 부정적인 내용으로 말한 것을 다른 언어로 바꿔 말한다. 직면은 환자가 말하는 언어와 비언어적 표현이 일치되지 않을 때의 모순점을 면밀하게 파악하여 이야기해주는 것이다. 이때 치료사는 이 같은 불일치의 원인을 분석해서 환자 스스로 문제를 파악할 수 있게 도와야 한다.

의사소통의 중요성을 모르는 사람은 없다. 그러나 치료실 내에서의 의사소통은 반드시 의료 범위 안에서 이루어져야 하므로 각별한 주의와 노력이 필요하다. 환자의 이야기에 지나치게 동조해서도 안 되고, 지나치게 비판적이어서도 안 된다. 전자의 경우 객관적이어야 할 치료사의 시각에 혼란을 초래하고, 후자의 경우엔 환자가 겁을 먹고 경직되게 할 위험이 있다. 치료사들이 때로 치료 행위뿐 아니라 의사소통의 어려움을 호소하는 배경엔 이런 어려움이 있기 때문이다. 나 또한 의사소통에 어려움이 있을 때가 있다. 환자의 의도를 정확하게 파악하지 못했다거나 표현이 잘못 전달되는 경우 등 케이스는 매우 다양하다. 스케줄 변경 시에도 일정을 잘못 표현해서 환자들에게 불편을 끼친 경우도 생긴다. 말하기보다 잘 듣고 확인하는 습관이 필요하다. 환자 우선 중심 의사소통에 대해 고민해보고 생각해보자.

동료들과 의사소통 잘하기

한 팀이라는 생각으로

물리치료사는 팀 중심으로 일한다. 여러 치료사가 함께 일한다. 병원에는 부서장을 비롯해 직급이 다른 사람들이 일하므로 치료실에서는 혼자 일한다 해도 병원 내에서는 의사, 간호사, 행정부서 직원 등이 함께 일하는 셈이다. 직간접적으로 계속 오가며 의사소통을 하는데, 기본적인 환자와의 의사소통 내용이나 적용 치료와 기술 등도 동료와 공유한다. 여러 사람과 함께하는 만큼 기본을 갖추고 상대방을 배려하는 마음가짐이 필요하다. 치료실에서 동료들과 의사소통을 잘하려면 어떤 자질이 필요할까?

치료사는 먼저 팀 중심으로 일한다는 자세를 견지해야 한다. 혼자 일하는 경우를 제외하고 동료 치료사가 있기 마련이다. 각자 맡은 업무가 있고 팀 내에서도 해야 할 일이 있다. 자신이 맡은 환자 치료만 잘하면 될 것 같지만 그렇지 않다. 구성원 한 명이 실수하면 환자에게만 혼나고 끝나지 않는다. 조직의 문제로 간주되어 직책이 높은 부서장이 불려가 질타를 받기도 한다. 문제가 발생하거나 같은 문제가 재발되지 않고 구성원이 잘 일할 수 있게끔 서로 도와주고 주의해야 하는 배경이다. 공동체로서 일한다고 생각하면 된다. 치료사로서 개인적인 발전과 성장도 중요하지만, 팀 내에 있을 때 더 빛을 발한다. 대개 누군가에게서 지도를 받고 도움도 받으며 임상 경험을 쌓아가게 마련이니 말이다. 그 고마움은 본인의 연차가 높아지면서 후배들을 이끌어주고 도움을 주는 것으로 갚으면 된다.

그다음, 동료와 의사소통을 잘하기 위해서는 맡은 업무를 반드시 잘 해내겠다는 의지를 가지고 노력해야 한다. 부서 내에서 치료 업무 외 비품관리, 교육관리, 실습생관리, 회의주재 등 역할은 다 있다. 물론 가장 중요한 것은 나의 업무를 확실히 처리하는 능력이다. 어느 직장이든 마찬가지다. 처음 일하게 되면 본인이 수행할 업무 범위에 대해 정확하게 파악해야 한다. 치료사에게는 도수치료실, 운동치료실, 통증치료실 등의 영역별로 적응해야 할 부서와 할 일이 있다. 예를 들어 도수치료실은 병원마다 분위기나 시스템이 다르다. 선배 치료사나 인수인계해줄 치료사가 있다면 잘 배우고 익힌다. 어느 정도 적응하는 데 시간이 필요하다는 것도 인지해야 한다. 처음부터 잘하는 사람은 없다.

맡은 업무 파악이 늦어지거나 시간이 지났음에도 잘 되지 않을 때 문제가 생기기 시작한다. 처음에는 잘 적응하라는 의미로 동료들이 선뜻 도와주지만 여기엔 한계가 있다. 각자 맡은 일이 원활하게 이루어지지 않으면 문제가 생긴다. 이때부터 의사소통이 삐걱거린다. 도와주는 입장에서는 자신의 일도 바쁜데 한없이 도움 주기가 힘들 것이다. 반면 도움을 받는 입장에서는 답답하고 미안해서 자꾸 위축된다. 그러다 보면 서로 하고 싶은 말을 참아가면서 자연스레 의사소통이 줄어든다. 말을 해야 하는데 서로 눈치를 보는 상황이 발생하는 것이다. 이런 일들이 반복되면 본인은 물론 팀 공기가 달라진다.

부탁과 거절

업무를 하다 보면 동료 치료사에게 부탁할 일이 반드시 생기게 마련이다. 평소 친하거나 관계가 좋다면 다행이다. 그러나 숫기가 없거나 인사만 겨우 건네고 지내는 서먹한 사이일 경우 무언가 선뜻 부탁하기 꺼려진다. 도움을 요청할 때는 동료의 상황을 고려하자. 동료 치료사가 바쁜 상황인데 무작정 도움을 요청하면 곤란하다. 휴식 시간이나 평소 스케줄이 여유가 있을 때 동료에게 부담을 주지 않는 범위 내에서 도움을 부탁해보자. 다른 사람에게 무엇인가 부탁한다는 건 매우 어려운 일이다. 그렇다고 고민만 하고 시기를 놓치면 안 된다. 환자에게 치명타를 입힐 수 있기 때문이다. 언제나 상황을 주시하고, 적절한 때에 도움을 요청하고, 일이 마무리된 다음에는 감사 인사를 반드시 건네자. 나중에 도울 일이 있으면 먼저 적극적으로 다가가자.

부탁하기와 요청에도 역지사지의 마음가짐이 필요하다. 우선 거절당했다고 해서 기분 나빠하면 안 된다. 사람은 간절하거나 필요해서 부탁하게 된다. 하지만 동료 입장에서는 너무 바쁘거나 도저히 할 수 없는 경우일 때 거절하게 된다. 이때 무작정 섭섭해하지 말고 거절하는 동료의 마음을 헤아려보자. 사람에겐 기본적으로 다른 사람을 도우려는 측은지심이 있다. 거절하는 상대는 더 미안할 것이다. 거절을 당했다고 서운해 하거나 반대 상황이 올 경우 똑같이 하겠다고 생각하면 안 된다. 거절의 이유가 개인적인 것이 아님을 명심해야 한다. 의외로 거절 문제를 가지고 서로 기분이 상해 이야기도 하지 않고 의사소통마저 단절되는 경우를 더러 보았다.

동료를 비평하는 일은 피해야 한다. 모든 게 다른 인격체들이 모여 한 공간에서 일한다는 건 매우 까다로운 상황이다. 불평 불만이 쌓이게 마련이다. 그렇다고 해서 앞에서 못한 말을 뒤에서 하면 곤란하다. 환자를 만나 치료에 전념하는 것도 힘든데 다른 사람의 비판을 들으면 누군들 기분이 좋겠는가? 특히 치료적인 부분을 두고 왈가왈부하면 안 된다. 치료에 대한 생각, 방식, 표현 방법은 치료사 고유의 색깔과 같다. 정말 잘못된 경우라면 조심스레 이야기를 해줄 수 있다. 하지만 가치관이 달라서 생기는 문제일 경우 비난하는 식으로 이야기하면 크게 다투게 된다.

환자가 다른 동료 치료사에 대해 이야기할 때도 마찬가지다. 저

치료사는 어떻더라는 말에 동조하면 안 된다. 이야기를 듣다가 동료의 좋은 점을 말하거나 차라리 잘 모르겠다고 말하는 게 낫다. 환자도 치료실을 다녀가며 이런저런 이야기를 가볍게 할 수 있다. 칭찬 등 호평은 아낌없이 할 수 있지만 비평에 대해서 환자나 타 부서 사람과 이야기하는 경우 당사자가 들었을 때 좋은 상황은 보지 못했다. 의사소통을 잘 하려면 무엇보다 말을 조심해야 한다. 남의 이야기는 하지 않는다는 것을 원칙으로 삼아야 모두 안전하다.

맡은 업무를 책임감 있게 하기

공동 업무나 발표를 할 때 서로 적절하게 나눠야 한다. 어찌 보면 당연한 이야기다. 일하다 보면 사정이 생겨 놓치게 된다. 그러면 미안하다고 즉시 사과하고 그다음 일에서는 본인이 상대방을 조금 더 챙겨보자. 내가 업무를 더 많이 해서 문제되는 경우는 극히 드물다. 누군가 일을 소홀하게 처리했을 때 문제가 발생한다. 선후배 사이뿐 아니라 동기인 경우 더 세심하게 신경을 써보자. 때로는 서로 확인해주며 함께하는 것을 권한다. 함께할 때 일은 힘이 덜 들고 수월하다.

학교나 직장에서는 공동 프로젝트를 하고 나서 그 내용을 발표하기도 한다. 치료사는 업무 특성상 병원 내 교육에 자주 임해야 한다. 이때 혼자 맡아 하는 경우도 있지만 대개 공동으로 참여한다. 문제는 발표 주제와 내용이 어려운 경우 서로 눈치를 보며 피할 때 발생한다. 이럴 때엔 분량이나 서로 잘할 수 있는 부분을 충분히 논의한 다음 역할을 정한다. 처음부터 누군가에게 떠넘기거나 시간이 촉박한 상황에서 본인만 빠지겠다고 말하면 난감한 상황이 된다. 발표는 여유 있게 준비하고 연습도 성실하게 해야 한다. 맡은 부분에 대해 서로 피드백을 주고받으며 발표 상황을 그리며 준비한다. 갑자기 파국이 되는 상황을 피하려면 함께하는 구성원들이 자주 이야기를 나누고 과정을 확인해야 한다.

타 부서 사람들과의 의사소통도 중요하다. 치료사와 의사, 간호사, 방사선사, 행정 직원 등 다른 부서 사람에게도 평소 관심을 가져야 한다. 늘 인사를 건네고 그가 담당하는 업무와 이름을 익힌다. 물리치료는 치료실 안의 일로만 업무가 끝나는 게 아니기 때문이다. 대부분 타 부서 동료들과 함께할 일들이다. 평소 관계를 잘 쌓아두라고 조언하는 이유다. 동료 치료사에게 전달하고 싶은 내용이 있는데 부재중이라면 메모를 남기거나 메일이나 음성녹음 등의 방법을 이용하면 된다. 전달 내용이 누락돼 곤란한 상황이 되지 않도록 신경 쓰자.

어떤 치료사들은 환자보다 동료들과 의사소통하는 것이 더 어렵다고 하소연한다. 동료와 갈등이 생겨 이직하는 경우도 종종 보았다. 그러나 이런 상황은 치료사뿐 아니라 다른 분야도 마찬가지다. 사람을 만나 일하는 직업군에서는 환자는 물론 동료와도 의사소통을 잘해야 한다. 서로 배려하고 도와준다는 생각으로 일하자.

환자에게서 신뢰를 얻는 길

기본에 충실하기

치료사와 환자 간의 신뢰는 매우 중요하다. 신뢰는 믿고 의지한다는 의미다. 환자에게 치료사에 대한 신뢰가 있을 때 치료 결과도 좋다. 다만 환자가 치료사를 신뢰하는 데엔 오랜 시간이 필요하다. 다양한 환자만큼이나 신뢰 쌓기가 어렵고 복잡하다. 환자마다 치료사를 신뢰하는 기준이 다르겠지만 기본적인 것은 있다. 사실 모두가 당연하게 생각하는 것으로 오히려 너무 당연해서 놓치기 쉬운 방법들이다. 함께 알아보자.

물리치료는 의료 서비스 직종이다. 치료 자체도 중요하지만 눈에 보이는 모습이 우선시 될 수밖에 없다. 사람을 처음 만났을 때 단정한 용모는 신뢰감을 높여준다. 지나치게 화려하거나 헝클어진

머리 스타일은 신뢰를 주기 힘들다. 자연스럽고 단정한 스타일이 좋다. 치료복도 깨끗하고 구김 없는 상태로 유지한다. 단정한 모습은 자기 관리가 잘 이루어지고 있다는 징표 중 하나다. 자기관리엔 시간과 노력이 필요하기 때문이다. 일할 때의 복장도 신경 써야 한다. 너무 튀는 의상은 피하고 거울을 종종 보면서 상태를 확인하는 습관을 들이자.

치료사의 말과 행동, 마음가짐, 얼굴 표정 등은 치료 심리와 연결된다. 환자는 느낀다. 환자를 우선으로 생각하는 치료사인지 본능적으로 안다. 단정한 용모뿐 아니라 치료사의 모든 것이 환자의 심리에 영향을 미친다. 한 환자는 자신은 사람만 본다고 이야기했다. 얼굴을 보고 몇 마디 나눠보면 이 사람이 어떤 사람인지를 알 수 있다는 것이다. 워낙 사람을 많이 만나는 직업과 경험이 많은 분이었다. 술냄새를 풍기면서 잠이 덜 깬 모습으로 환자를 맞이한다면 어느 누구에게도 신뢰를 얻기 힘들 것이다.

환자에게 증상이 온 이유와 치료과정을 자세하고 친절하게 설명하는 것도 신뢰감을 높여주는 방법 중 하나다. 치료사는 전문성을 가지고 앞으로 함께 해나갈 치료 과정이나 환자가 궁금해서 묻는 이런저런 질문에 성심성의껏 답해야 한다. 지식과 정보가 많은 것도 중요하지만, 더 중요한 것은 환자가 치료사와 함께 해나갈 과정을 가능한 한 쉽고 친절하게 안내해주는 일이다. 어려운 용어를 쓰면서 지식을 뽐내면 환자는 이를 불친절하다고 느낀다. 알기는 많이 아는 것 같은데 어렵게 이야기하는 것을 무시한다고 오해할 수도 있다. 물론 동료 간에는 의학용어를 주고받으며 수월하게 의사소통을 할 수 있다. 하지만 환자는 경우가 다르다. 동료가 아닌 치료 서비스를 받으러 온 사람이다. 조금 더 배려한다는 마음으로 어떻게 쉽게 설명할지 고민해보자.

지각하지 않고 일찍 와서 일할 준비를 미리 하는 근면 성실한 태도도 필요하다. 정해진 치료 시간과 약속을 준수한다. 근면 성실한 태도는 일관성 있게 유지해야 된다. 결코 하루아침에 이루어지지 않는다. 한결 같은 자세가 필요한 셈이다. 정직은 신뢰를 주고 유지하는 가장 기본이다. 거짓이 아닌 있는 그대로의 모습이다. 때론 부정적인 내용을 전달할 때도 거짓 없이 순화해서 이야기한다. 부지런하고 정직한 태도가 환자에게 신뢰감을 준다.

진중함이 필요할 때도 있다

치료실 안에서는 다양한 상황이 벌어지기 마련이다. 환자가 중심을 잡지 못해 넘어지면 잡아주어야 하고, 치료 기기가 기울면서 떨어지기도 한다. 때론 1차 진료가 다 끝나지 않은 상태의 환자를 갑자기 치료해야 하는 순간도 생길 수 있다. 이런 여러 가지 경우에 정신을 바짝 차리고 침착하게 대응해야 한다. 감정 조절을 잘 해야 한다는 뜻이다. 냉정하게 대하는 것과 다른 의미다. 환자와 이야기할 때 공감하는 것과 다른 의미다. 어수선하고 예상치 못한 일이 발생하는 상황에서도 환자를 주의 깊게 살피고 환자의 몸은 물론 마음 깊은 곳까지 헤아릴 수 있도록 차분하고 침착하게 대하자. 환자보다 더 놀라면서 호들갑 떠는 모습을 보이면 신뢰감이 깨진다.

　스포츠재활 병원에 있었을 때 유명 스포츠 선수, 국가대표, 연예인 등이 자주 방문했다. 신입일 때 평소 접하기 힘든 좋아하는 스타인 경우 사진을 한 번 찍겠다고 치료는 뒷전이었던 적이 있다. 그때 일이 떠오르면 아직도 낯이 뜨거워진다. 치료실 밖에서는 좋아하는 팬으로 그럴 수 있지만, 치료실 안에서 치료가 우선인데 말이다. 그들 입장에서는 매우 당황했을 터다. 선배 치료사가 유명인이 와도 동요하지 말고 일반 환자처럼 대하라, 라고 충고하던 게 생각난다. 이제 유명인이 와도 감정에 동요가 일어나지 않는다. 지금은 내 앞에 있는 환자가 제일 중요하다. 꾸준히 치료하고 소통하는 환자 치료가 중요하다. 유명인이든 아니든 몸이 아파 치료사를 찾은 다 같은 환자 아닌가?

결국은 인간관계다

원만한 인간관계 유지도 필요하다. 환자들과 곧잘 언성을 높이게 된다든가 시간을 안 지키는 등 문제를 자주 일으키면 신뢰감을 주기 힘들다. 동료들과 다른 부서 사람들과 관계를 잘하고 의사소통을 잘 하도록 노력해본다. 환자를 다른 부서로 데려갈 일이 있어 방문했는데 평소 앙금이 있다거나 관계가 좋지 않다면 당황스러운 순간이 생기게 마련이다. 이런 불편한 상황은 서로 전혀 모르는 관계에서도 종종 일어난다. 2년 차 때 환자를 원무과에 안내해드리는데 행정 직원이 내가 환자인 줄 알고 응대했던 웃지 못할 상황도 있었다. 평소 얼굴을 익히면 좋았을 텐데……. 이후 연차가 쌓이면서 얼굴을 서로 알게 되자 그런 일이 더는 벌어지지 않았다.

신뢰감을 주는 방법 중 하나로 적절한 유머 감각 능력을 키우는 것을 추천한다. 이것은 가장 어려운 부분이다. 유머 감각이 타고난 사람이 있다. 나는 그렇지 않다. 약간 진지한 편이다. 진중하다는 소리를 많이 듣는데 유머 감각은 가장 부러운 능력이다. 간혹 시도하는 썰렁한 유머는 도리어 정적을 흐르게 한다. 그래서인지 나는 유머를 많이 시도하지 않는다. 적재적소에 재밌는 이야기나 웃음을 줄 수 있는 능력은 분위기를 편안하고 해주고 누그러지게 한다. 환자도 긴장을 풀면서 치료시간을 친근하게 느낄 수 있다. 일부러 웃기기 위해 노력할 필요는 없지만 유머 감각은 친근하고 신뢰감을 높여줄 수 있다는 것을 기억하자.

환자들은 예상치 못한 치료사의 서비스 정신에 놀란다. 하지만 일부러 할 수는 없는 일이다. 환자를 우선시하는 마음이 자연스럽게 행동으로 나오는 게 좋다. 봉사 정신이 투철해서 자신이 너무 피곤한 상황에 처하게 만들 필요는 없다. 뭐든지 자연스럽고 스스럼없이 하는 게 좋다. 인위적인 친절과 서비스는 오래 가지 않을뿐더러 모두에게 오히려 부담스럽다. 치료사 본인에게도 스트레스다.

환자의 신뢰를 쌓는 방법 중 가장 중요한 것은 뭐니 뭐니 해도 기본기를 갖추는 것이다. 다 아는 내용, 그래서 더욱더 지키기 힘든 그런 내용 말이다. 신뢰는 하루아침에 만들어지지 않는다. 한 직장에서 오래 일한 치료사는 오랜만에 오는 환자에게 신뢰를 주기도 한다. 익숙한 얼굴이 편한 법이다. 신뢰 받는 치료사는 일에 대한 만족감과 자부심으로 충만하다. 한결 같은 모습으로 환자를 대하자. 치료실에서 치료 잘하는 치료사도 좋지만 환자에게 신뢰 받고 인정받는 치료사가 되자.

안전 수칙이 필요하다

사고 예방으로 신뢰 구축

치료실에 매뉴얼을 만들라는 권고가 왔다. 환자 응대부터 안전 수칙을 세워 교육하라는 내용이었다. 환자 관리와 물리치료사의 안전관리는 필요조건이다. 하지만 문서로 만드는 일은 귀찮은 면도 있다. 고민 끝에 매뉴얼과 안전 수칙을 만들어 동료와 공유했다. 안전 수칙은 눈에 띄는 곳에 놓아 환자에게 제공한다. 처음이 어려울 뿐 한 번 만들고 나면 의외로 여러 모로 유용하게 사용할 수 있다. 구두로 전달하기보다 매뉴얼과 안전수칙을 문서화하고 이를 토대로 치료실의 운영 관리를 해보길 권한다. 새로운 직장에서 일을 처음 할 때 직장 내 매뉴얼과 안전수칙이 있는지 확인해보자.

병원 내에서도 크고 작은 사고가 생긴다. 안전사고는 병원의 경제적 손실, 신뢰감 저하, 치료 기간의 연장을 일으킨다. 때론 환자의 생명과 건강에 직접적인 영향을 미친다. 따라서 치료사뿐 아니라 구성원은 환자 안전을 최우선으로 서비스하는 환경을 구축해야 한다. 가장 먼저 병원 내에서 발생할 수 있는 위험 요소를 제거한다. 예방 차원에서 할 수 있는 수칙도 정한다. 환자마다 일어날 수 있는 손상 가능성을 살피는 안전 수칙이 필요하다.

치료를 몇 개월 동안 잘했어도 한 번 사고가 나면 모든 것이 물거품이 된다. 사고는 아주 순식간에 일어난다. 물리치료와 관련된 사고 예방이 필요하다. 뜨거운 팩이나 화상을 입을 수 있는 의료기기는 온도 및 관리 상태를 점검한다. 감염이 될 수 있을지 확인하고 소독을 수시로 한다. 치료기기마다 금기증을 숙지한다. 이는 도수치료 및 운동치료 금기증도 마찬가지다. 환자의 신체부위를 불필요하게 노출하거나 접촉하지 않는다. 치료상 하는 수없이 접촉해야 하는 경우 충분히 이해를 구하고 조심스럽게 치료한다. 다른 치료도 의료사고가 나지 않도록 주의한다.

자신이 맡은 것이 치료사의 업무 범위에 해당하는지도 확인한다. 간혹 치료실 내에서 수액을 맞는 경우 바늘을 제거하거나 조정할 때 난감하기도 하다. 사소한 부분이지만 혹시 모를 문제가 생길 수 있으니 해당 업무 담당자를 찾아 요청하거나 확인한다. 치료사 업무 범위 외의 학문적 표현에도 유의해야 한다. 예를 들어 치료사는 이학적 검사 또는 평가라는 표현을 사용해야 하는데 진료라는 표현을 쓰거나 진단영상장비 결과를 직접적으로 판독하면 안 된다. 업무 범위를 명확히 분장해서 불필요한 오해나 영역을 침범하지 않도록 주의한다.

물리치료 안전 수칙

물리치료 적용 시 일반적인 안전 수칙도 소개한다. 주의사항을 숙지하고 환자, 보호자도 살펴볼 수 있게 안내한다. 첫째, 치료기기는 사용 전에 점검하고 강도를 높일 때 환자에게 물어보면서 서서히 올린다. 갑자기 올리는 경우 쇼크를 받는 환자도 있다. 둘째, 치료사 지도하에 운동치료 기구를 사용한다. 환자가 임의로 운동치료 기구를 사용하다가 사고가 나는 경우도 종종 있다. 옆에서 보고 있는데도 기기 착용을 단단히 안 해서 문제가 일어나기도 한다. 셋째, 낙상 위험이 있는 환자는 충분히 보호한다. 보호자가 반드시 옆에 있게 한다. 넷째, 치료사가 잠시 자리를 비우는 경우 동료 치료사나 보호자의 도움을 받는다. 담당 환자는 전적으로 치료사의 책임이다. 본인이 자리를 비우더라도 문제가 생기지 않게 주변에 도움을 구해야 한다.

다섯째, 휠체어나 베드 사용법을 숙지시키고 안전지도를 한다. 특히 베드에서 자세 변경을 할 때 넘어지지 않도록 항상 주의를 준다. 지금까지 나의 치료 경험에도 베드에서 자세 변경을 하다가 떨어진 환자가 두 명 있었다. 한 분은 주의를 줬는데 빠르게 돌다가 일어났고, 다른 분은 이런 케이스를 이야기했는데 자세를 바꾸면서 "누가 떨어⋯⋯"라는 말과 함께 바닥에 떨어지셨다. 다행히 두

분 다 골절 등 큰 사고가 나진 않았다. 한번 떨어지면 환자도 치료사도 모두 놀라는 상황이 되니 조심해야 한다. 여섯째, 각 기구별로 사용 방법, 안전 수칙, 주의 사항을 눈에 잘 보이는 곳에 붙여놓는다.

치료실 내 감염 예방과 관리에도 철저한 주의가 요구된다. 엄밀히 관리하고 시행해서 치료사나 환자에게 감염으로 인한 피해가 발생하지 않게 한다. 첫째, 손 소독제 및 위생용품을 비치한다. 둘째, 치료사와 환자 모두 치료 전후 손 씻기, 손소독제 사용을 실시한다. 셋째, 테이블 및 의자 등을 수시로 소독한다. 넷째, 감염 확진자가 발생한 경우 관련 정부 지침에 따라 행동한다. 치료실 내 감염 관리 예방 수칙에 부족한 내용은 관련 기관에 지침을 추가한다.

치료실에 감염 확진자가 생기거나 관리가 소홀한 경우 환자는 병원에 오는 걸 꺼리게 된다. 안전에 대한 우려로 신뢰를 잃는 셈이다. 치료사는 치료실에서 할 수 있는 안전 수칙을 정한 후 철저하게 예방하고 관리해야 한다. 확진자가 다녀 간 후 치료실에 환자가 줄었다는 소식을 가끔 듣는다. 이런 경우 환자가 빨리 회복하고 다시 치료 받으러 올 수 있게끔 관심을 갖고 지켜보아야 한다. 안전한 치료실 환경과 분위기를 조성하는 것은 늘 세심한 주의를 요구하지만, 반드시 지켜야 하는 일이기도 하다.

병원 내와 치료실은 많은 사람이 오간다. 부딪히거나 자칫 주의를 기울이지 않으면 눈 깜짝할 사이에 사고가 일어난다. 지금까지 작은 사고들이 나서 환자들이 고생하는 경우는 종종 목격했다.

치료사도 걱정하고 놀라게 마련이다. 환자의 쾌유를 빌고 다시 회복을 위해 노력한다. 응대 매뉴얼, 안전 수칙, 감염관리 예방 대책과 지침 등 환자 건강과 신뢰를 위해 치료실에 비치하고 잘 지킬 수 있도록 신경을 써보자. 새 직장을 갈 때마다 안전 수칙과 지침에 관심을 기울여 먼저 솔선수범하고 환자들을 세심하게 살펴보길 바란다.

환자를 배려하는 치료 공간

의외로 치료 공간이 중요하다

치료실마다 고유의 분위기가 있다. 인테리어 시설과 치료기기뿐 아니라 실내 분위기도 한몫 한다. 예전에 환자들과 병원이나 운동 시설을 갈 때 어떤 점을 먼저 고려하는지 이야기한 적이 있다. 인테리어나 기구 등 시설에 관련된 부분이 치료사나 트레이너의 전문성보다 앞서는 걸 보고 놀랐다. 물론 전문가들이 맡는다는 신뢰 하에 기왕이면 시설이나 기구가 좋았으면 한다는 말이었을 테다. 나 조차도 언제부터인지 공간이나 분위기를 생각하게 되는 걸 보면 사람 마음은 다 비슷한가 보다. 따라서 환자를 배려하는 동선, 환경 등을 고려한 치료 공간을 꾸미는 일에도 소홀해서는 안 된다.

치료실은 기본적으로 환자가 움직이는 동선이 편해야 한다. 치료실로 들어오는 입구가 너무 협소한 것도 좋지 않고, 대기 공간이 동선을 막는 것도 좋지 않다. 특히 목발(crutch)을 짚고 오거나 휠체어를 타고 들어오는 환자에게 충분한 공간을 확보해주어야 그들이 심리적 안정감을 느낄 수 있다. 치료실 업무 시간이 되고 문이 열리면 환자들이 한꺼번에 몰려와서 부딪히는 경우도 있었다. 예전 치료실들은 환자가 오는 순서대로 치료하기 일쑤였다. 그러다 보니 환자가 갑자기 몰리는 경우 앉아서 대기할 공간이 없어서 서서 기다리는 사람이 많았다. 서 있기가 불편한 분들은 한숨을 푹푹 쉬면서 그냥 돌아갔다. 죄송할 따름이었다. 예약제든 뭐든 갑자기 사람이 몰릴 경우를 대비해서 동선이 꼬이지 않는 치료실 시스템을 고안하자.

치료 베드 사이에도 충분한 공간이 확보되어야 한다. 치료실 모서리나 기기에 부딪히지 않게 가구들을 배치하는 것도 중요하다. 베드 사이엔 서로 얼굴이 보이지 않게 커튼을 쳐놓아 얼굴을 마주보게 되는 불편한 상황을 만들지 않도록 주의한다. 또한 환자들이 오가며 각종 전기선에 걸려 넘어지지 않게 신경 써서 정리한다. 한번씩 치료실을 둘러보면서 환자가 불편해하거나 문제가 될 부분이 없는지 유심히 살펴본다. 작은 관심이 문제 해결의 시작이 된다.

사소한 부분을 더 살펴보자

환자 치료 부위에 뜨거운 팩과 차가운 팩을 댈 때도 수건을 충분히 싸고 여별의 수건을 드리는 게 좋다. 유리창이 가까운 베드의 경우

겨울에 차가운 공기가 느껴지므로 덮을 수건이나 담요가 필요하다. 햇볕이 강하게 드는 경우엔 블라인드를 설치하거나 햇볕으로 불편하지 않게 신경 쓴다. 만일 환자가 불편하다고 느끼는 점이 있다면 이를 기록해서 재빨리 조치한다. 한 사람이 말한 것이라 하여 간과해서는 안 된다. 다른 사람 역시 불편함을 느끼면서도 말하지 않고 넘어갔을지 모르는 일 아닐까? 여러 사람이 불평하기 전 단한 명에게라도 개선점과 건의 사항이 있다면 반드시 참고한다. 건의사항 박스를 만들어 익명으로 제안을 받는 방법도 있다.

개인 치료실 공간이 있는 경우도 신경 쓴다. 환자와 상담을 할 때 앉는 의자에 바퀴가 있을 경우 미끄러지거나 앉기 불편하진 않은지 확인한다. 치료사와 환자의 의자 높이를 비슷하게 하여 같은 눈높이에서 대화하는 것도 좋다. 시선을 분산시키는 복잡한 물품들은 정리하여 간결하게 비치하고, 가급적 치료에 필요한 기구나 물품만 놓는다. 치료 공간이 어지러우면 산만한 느낌을 주어 환자나 치료사의 주의를 떨어뜨린다. 환자가 문을 열고 들어왔을 때 어떤 느낌을 받을지 고려하여 항상 편안함을 느낄 수 있게 배려한다.

치료 베드도 너무 딱딱하거나 차가운 느낌이 들지 않도록 관리한다. 베드 커버나 수건으로 적당한 볼륨감을 만들고, 높낮이가 조절되는 베드를 배치했을 경우 환자에게 움직일 때마다 이야기해준다. 환자 얼굴이 닿는 부분은 매번 커버를 교체하고 소독한다. 환자가 누웠을 때 얼굴, 팔의 위치도 생각해본다. 엎드려 있을 때 발쪽에 베개를 놓거나 옆으로 누울 때는 베개를 무릎 사이에 받쳐주면

편하다. 이렇게 하면 관절이 편안한 위치(resting position)가 된다.

치료실에 들어왔을 때 너무 어둡지 않게 조명을 조절한다. 너무 눈이 부시면 불편하다. 밝기를 조절할 수 있으면 좋지만 그렇지 않은 경우 수건 등을 활용하여 눈에 피로를 덜 줄 수 있는 방법을 찾아본다. 나의 환자 중에 초등학교 6학년생은 매번 조명이 밝아서 싫다고 하여 수건을 준비했다가 자세가 바뀔 때마다 눈을 가려주었다. 만일 한두 명이 아니라 많은 사람들이 조명에 대한 부담을 느끼면 치료실 회의를 통해 바꾸는 것도 좋다. 환자들이 대부분 불편하면 치료사들도 불편할 확률이 높기 때문이다.

어떤 치료사는 은은한 방향제를 사용하기도 한다. 사람들이 선호하는 향이 나는 방향제는 기분을 환기시킨다. 향이 강하거나 개인적으로 선호하는 제품은 피한다. 일반적으로 사람들이 좋아하는 편안한 향을 고르는 게 좋다. 개인적 취향이 달라서 싫어하는 향을 맡으면 불편하기 때문이다. 항상 환자 입장에서 생각하며 사용하는 방향제가 어떤지 물어보며 변경하거나 위치를 조정한다.

치료실에 음악을 틀어놓은 것도 환자의 마음을 안정시키는 좋은 방법이다. 음악이 나올 때와 없을 때의 치료실 분위기는 차이가 크다. 이때 음악은 시끄럽거나 치료사의 개인적 취향대로 고른 것이 아닌, 편안한 느낌을 주는 클래식이나 조용한 가요가 무난하다. 환자가 좋아하는 가수나 노래를 미리 물어봐서 치료시간마다 바꿔주는 방법도 있다. 음악은 심리적인 측면에서 치료 효과를 높여주는데 도움을 준다. 어떤 환자들은 치료실에서 나오는 음악이 편안해서 소리에 집중해서 통증을 잠시 잊게 된다고 말하기도 한다. 환자의 이야기나 기기가 종료되는 소리는 들릴 정도로 은은한 볼륨으로 조절해본다.

치료에는 많은 것들이 영향을 미친다. 환자가 아파서 오면 모든 게 예민하다. 동선, 기기, 조명, 향기, 음악 등 오감으로 느끼는 모든 것이 신경 쓰인다. 동선이 불편해서 환자가 짜증 난 상태이면 그날 치료가 쉽지 않다. 치료 과정이란 환자가 치료실에 들어서는 순간부터 나가는 순간까지 포함되기 때문이다. 치료 공간에 대한 좋은 기억은 치료실을 다시 찾아오게 만든다. 처음에는 치료하기도 힘들지만 적응이 되고 여유가 생기면 치료 공간과 환자에게 필요한 부분들을 신경써보며 임상 현장을 둘러보자. 기분이 좋아지고 편하게 일하고 있는 나 자신을 발견하게 될 것이다.

오랜 동행, 함께 가다

치료사에게 환자는 어떤 의미인가

환자는 치료사에게 어떤 존재일까? 아파서 그냥 찾아오는 사람일까? 질환과 증상을 해결해줘야 하는 고객인가? 나를 힘들게 하는 사람인가? 치료 실력을 향상시켜주는 사람인가? 일의 의미를 찾아주는 사람인가? 치료사에게 환자는 긍정적이든 부정적이든 삶의 과정 속의 한 존재이다. 마주쳤던 수많은 환자는 크든 작든 치료사에게 영향을 미친다. 그래서 환자에게 많이 배운다. 나 역시 좋았든 싫었든 배울 게 다 있었다. 치료사는 사람을 만나는 직업이다. 일한 햇수나 경험만큼 다양한 사람을 만나게 된다. 환자는 손님으로 일시적으로 만나는 사람이 아니다. 어쩌면 평생 함께하는 임상에 있으며 기억에 남는 환자도 있고 죄송하게도 기억이 잘 나지 않는 환자도 있다. 첫 환자는 언제나 기억에 남는다. 가장 오래 치료한 환자도 기억난다. 직장을 옮기고 나서 연락을 하고 찾아온 환자도 있다. 커플이 함께 치료 받으며 결혼식에 초대한 환자도 있었다. 3대에 걸쳐 치료한 가족도 있었다. 대학 동창을 소개시켜줘 동창회에 참석한 듯 느낌을 줬던 분들도 있다. 유명 선수나 연예인도 있었다. 아낌없이 응원과 격려를 해준 분도 있다. 몇 년이 지난 후 치료에 감사하다고 다시 연락 준 환자도 있다. 셀 수가 없다.

일상 속 동행자가 된 환자들

오래 치료한 환자는 8년을 치료했다. 희귀병은 아니었다. 처음 치료했을 때 4개월 정도 꾸준히 하고 많이 호전됐다. 계속 치료를 받았던 건 아닌데 어떻게 인연이 이어지는지 직장을 옮겨도 찾아 오셨다. 병원에 있을 때는 증상이 사라지면 치료를 마친다. 독립해서 체형교정과 재활운동도 하다 보니 계속 건강관리를 위해 오시기도 한다. 조카가 태어났을 때 축하해드리고 잠깐 돌볼 때 인사도 시켜주셨다. 그랬던 조카가 이제 초등학생이 되었다고 한다. 치료실을 누비고 다녔던 아이가 이제 학교에 갔다고 하니 시간이 빠름을 느낀다.

4년 차 때 무릎 수술로 재활했던 환자가 있었다. 결혼을 몇 개월 앞두고 수술을 했다. 처가에서 큰 절을 받아야 결혼식을 올리겠다고 하여 낫지 않으면 미루겠다고 했다. 무릎을 구부릴 수 있게 도와달라고 하며 구슬땀을 흘리며 재활했던 분이었다. 2개월 동안 재활을 하고 예정된 날짜에 결혼을 했다. 치료가 끝나갈 무렵 청첩장을 주셨다. 꼭 와달라는 간곡한 부탁에 결혼식에 참석했다. 신랑 입장 때 당당하게 걸었다. 내 눈에는 신랑의 무릎 부분과 그가 잘 걷는지만 보였다. 어른들을 모시고 인사를 드리러 다닐 때 무릎을 낮게 해준 담당 선생님이라는 소개에 가슴이 뭉클했다.

한 환자는 허리가 아파 재활을 했다. 좋아질 때쯤 다리 골절이 돼서 허리 통증이 재발됐다. 골절 부위는 시간이 가면서 나을 수 있지만 장기간 움직이지 못하면서 근육이 많이 빠졌다. 몇 개월 동안 재활운동을 하고 많이 호전되었다. 의지가 강하고 모든 운동을 잘 따라하는 분이었다. 그분은 딸과 손녀도 소개해주셨다. 덕분에 3대가 내게 치료를 받았다. 가족을 치료하게 되는 경우는 꽤 있다. 부부, 모자, 모녀, 부자, 부녀, 형제, 자매, 남매 등 가족이 함께 온 경우는 특별히 기억이 남는다.

한 분은 대학 동창을 소개시켜주셨다. 치료를 받다가 다른 동창을 소개시켜 주셨고 결국 동창회 구성원들이 찾아오셨다. 대학 때 이야기와 재미난 소식들을 알려주신다. 가끔은 동창 간에 연락이 안 되거나 필요할 때 안부를 대신 전달하기도 했다. 전달할 물건이 있으면 맡겨놓고 가기도 하신다. 어떨 때는 동창 모임에 내 이야기가 화제에 오르기도 한다고 하셨다. 어떤 이야기가 오갈지 모르겠지만 나를 주제로 이야기하신다는 말에 감사할 따름이었다.

매번 올 때마다 질문을 많이 하며 생각을 물어보는 분도 있었다. 청자에서 화자가 되면 느낌이 새롭다. 내 생각과 가치관을 알리게 되는 셈인데 치료에 관련 없는 이야기도 잘 들어주셨다. 그리고 응원하고 격려해주셨다. 어떨 때는 치료를 하고 있는지 받고 있는지 헷갈릴 정도였다. 의사소통의 힘을 확실히 일깨워준 분이었다. 그때 치료사의 정체성에 대해 다시 생각하게 되었다. 환자는 치료사가 되기도 한다.

항상 좋았던 순간만 있었던 건 아니다. 통증이 머리에 끊이질 않고 너무 힘들다고 하신 분도 있었다. 가끔은 그만 생을 마감하고 싶다는 말을 해서 안타까웠던 경우다. 최선을 다해 치료를 했는데도 좋아질 때쯤 되면 처음 상태로 되돌아가기를 반복했다. 정신건강의학과 상담과 약 처방도 받으면서 병행하셨는데 끝내 회복이 안 됐다. 인생 목표가 안 아프고 딱 하루만 살아보는 거라는 말에 숙연해지기도 했다. 과연 치료사로서 무엇을 해줄 수 있는지 생각하게 만드는 환자였다.

소개로 왔던 분 중에 한 달 정도 치료를 했던 분이 있다. 목 디스크 증상과 두통이 있는 환자였다. 온 몸은 딱딱했고 스트레스를 받으면 더 심해지는 분이었다. 조금씩 회복이 됐지만 이직하면서 끝까지 치료하지 못했다. 다른 동료에게 잘 부탁한다고 했는데 소개로 온 분이기도 하고 끝까지 함께 치료를 못 한 게 마음에 걸렸다. 몇 년이 지나 소개해준 분과 연락이 닿았을 때 그분이 아직도 아파서 병원을 전전한다는 소식에 기분이 묘해졌다. 지금이면 도움을 드릴 수 있을까라는 생각이 든다. 결과가 나지 않는 환자는 기억에 남는다.

치료했던 환자가 TV속에 나와서 잘 활동하거나 운동하는 걸 보면 치료했던 때로 되돌아간다. 나를 기억 못하겠지만 나는 기억하고 있기 때문이다. 반대로 내가 치료했는데 기억이 안 나는 경우도 있다. 어느 날 모르는 전화를 받았는데 자신을 기억하냐고 하시며 이야기하는데 도저히 기억이 안 났다. 난감하면서도 기억이 나는 듯 대화를 이어갔지만, 전화해준 분께 너무나 죄송스러웠다. 그분의 기억엔 내가 있는데 내 기억엔 없었으니 말이다. 언제 한 번 찾아오시면 차 한 잔 대접하겠다고 말하며 직접 얼굴을 뵈면 기억 날 거라 위안했다.

치료가 끝나면 환자와의 관계도 끝날 것 같지만 돌고 돌아 다시 찾아오기도 하신다. 직장을 옮겨도 어떻게 소식은 이어졌다. 다른 분을 소개해주면서 안부를 알게 되기도 한다. 길거리를 지나다가 마주쳐서 서로 반가워하며 인사하고 몸은 괜찮은지 안부를 묻기도 한다. 이런 일이 조금씩 늘어나기 시작했다. 치료실을 나가면 끝이 아니라 치료사의 삶 어느 순간, 다른 장소에서 다시 만날 수 있음을 깨닫게 되었다. 치료 이후에도 사람을 기억하고 만남 자체를 소중하게 여기게 되었다. 그래서 오래 함께 가고자 한다.

그만두고 싶었던 순간_몸이 힘들 때

치료사를 그만두고 싶은 때는 몸이 힘들 때다. 환자의 입장이 된다. 고등학생 때 허리, 목, 어깨가 아팠고, 회복되는 데 10여 년의 시간이 걸렸다. 복도에서 불편한 왼쪽 어깨를 돌리는 게 습관이 되었고 뚝 하는 소리가 났다. 그때를 기억하는 동창 중 오랜만에 만나면 어깨는 괜찮은지 물어보기도 한다. 지금도 몸이 힘들면 의욕이 떨어진다. 몸이 힘들어도 일하기도 하지만 통증이 있다면 일을 계속해야 하는지 여러 생각이 든다.

일하는 게 익숙하지 않던 저 연차 때는 어깨, 손가락, 허리가 종종 아팠다. 나름 무리가 가지 않게 자세를 취해도 하루에 8시간 이상씩 쉬지 않고 치료하면 탈이 났다. 체외충격파 치료, 초음파, 운동을 통해 스스로 치료하곤 한다. 휴식을 취하면 낫고 시간이 지나면 회복이 되었다. 심각하게 몸에 문제가 생기지 않아 지금껏 일하는 데 지장은 없었지만 가끔 오래 할 수 있을까 하는 생각이 들었다. 몸이 아프면 마음이 약해지기 마련이다.

20대 때는 뭘 하든 금방 회복이 되었다. 직업도 치료사니 걱정이 없었다. 내 몸은 내가 치료한다는 생각이었다. 연차가 흐르면서 건강의 중요성을 깨닫는다. 하루에 10시간 이상 일을 하게 되면 지쳐서 힘들 때가 생긴다. 몇 개월 이어지면 무슨 부귀영화를 누리려고 이러나, 하는 생각이 든다. 그러다 정신을 고쳐 쓴다. 부귀영화는 아니지만 조금 더 잘 살아보자는 격려를 한다. 나약해진 몸 관리에 필요성을 느끼며 운동을 꾸준히 한다.

어렸을 때부터 운동을 좋아하고 많이 했다. 매일 친구들과 뛰놀고 체력이 좋은 편이었다. 옛날 생각하기엔 젊은 나이지만 일하고 나서 치료실 문을 잠그고 터벅터벅 복도를 걸으면 지칠 때 살짝 그만두고 싶은 마음이 올라온다. 물론 행동에 옮기지는 않는다. 아직 버틸 만해서다. 안 힘든 사람이 어디 있겠나. 보양식도 먹고 주말에 휴식을 더 취한다. 걷기, 달리기, 등산을 하면서 경치도 즐기고 체력 보충도 한다. 그게 일상이 되었다. 체력이 올라 몸 상태가 좋아지면 그만두고 싶다는 생각은 들지 않는다.

치료사로 일하며 인간관계에 대한 스트레스나 힘든 순간은 상대적으로 적었다. 주변에 좋은 사람들만 있어서 그랬는지 몰라도 정신적 고생은 적었다. 치료하는 일을 좋아하고 몰아서 하는 편이라 몸이 고달플 때가 있다. 이제 몸이 힘들 때 잠시 멈추고 쉬어야 한다는 걸 안다. 무리하지 않고 컨디션이 좋아야 치료도 잘 되기 때문이다. 치료사는 몸이 자산이다. 건강을 잃으면 일에 대한 회의감과 고통이 시작된다.

대학을 졸업하고 임상에 나오면 처음에는 일을 많이 하지 않는다. 대체로 업무를 배우고 익히기 때문이다. 3개월 정도 지나면 일을 제대로 한다. 그때부터 몸 관리를 잘해야 한다. 체력이 좋아도 건강관리를 하지 않으면 바닥이 난다. 바닥이 나면 일에 대한 회의감이 든다. 저 연차 때는 더 그럴 수 있다. 체력 안배보다 열심히 뛰어다니며 일하기 때문이다. 몸이 아플 때, 피곤할 때 그만두고 싶은 순간이 한 번씩 찾아온다. 치료사뿐만 아니라 대부분의 사람도 마찬가지일 것이다. 그럴 때를 대비해 건강관리를 꾸준히 하자.

6장
치료사의 진로 선택

자식에게 치료사를 권할 건가요?

언제나 유망 직업, 물리치료사

질문에 답을 먼저 하면 그렇다. 자식에게 치료사를 권할 거다. 하지만 강요하진 않겠다. 물리치료사가 괜찮은 직업이고 어떤 일을 하는지 소개할 뿐이다. 직업 선택은 부모라고 강요할 수 없다. 자식 스스로 결정하고 경험하면서 진로 선택을 하는 게 좋은 방법이라 생각한다. 치료실에 오는 분 중 고등학생 자녀를 둔 경우 치료사가 괜찮은지 물어보기도 한다. 재활이 끝나갈 때쯤 아들이 물리치료학과에 다닌다고 말하는 예도 있었다.

물리치료사는 전망이 좋다. 20여 년 전에도 그랬고 지금도 유망 직업으로 거론된다. 100세 시대를 맞이하고 있다. 평균 수명이 길어지면서 건강하게 오래 살고자 하는 욕구가 강해지고 있다. 건강하게 오래 사는 건 모두가 바라는 일이다. 음식과 보충제뿐 아니라 운동의 중요성이 날로 두드러지면서 치료사는 더 필요한 직업이 되었다. 특히 재활 분야는 앞으로 더 주목받을 만하다. 재활 분야가 아니더라도 스포츠, 미용 분야에도 진출할 수 있으니 시야만 넓히면 치료사가 갈 곳은 많다. 물리치료의 학문적 배경이 인체를 다양한 관점에서 다루는 것이기에 그렇다.

내가 재활을 담당했던 50대 후반 남성 환자가 있었다. 사촌 형의 소개로 멀리서 오셨다. 그때 당시 지방에서 1시간 30분을 운전해서 일주일에 3번씩 오셨다. 팔 저림과 통증이 심해서 오래 고생하고 있다고 했다. 치료 8주 차 되니 어느 정도 회복이 되었고 이야기도 많이 나누게 되었다. 어느 날 물리치료사에 대해 자세히 물으셨다. 고등학생 아들이 있는데 이 직업을 하면 좋을 것 같다고 하셨다. 어느 학과에 가야 하는지, 전망은 어떤지 구체적으로 물었다.

물리치료실에서 치료받는 사람들도 정작 자신을 담당한 치료사들이 물리치료학과를 졸업한 뒤 현장에 투입된다는 것을 아는 사람은 드물다. 물리치료사에게 면허가 있어야 병원에서 일할 수 있다는 것도 모른다. 관심 있는 직업과 분야가 아니기에 그럴 수 있다. 물리치료사가 되는 과정은 그리 간단하지 않다. 우선 물리치료학과가 있는 대학에 진학해서 교과과정을 마쳐야 하고, 정해진 실습을 다 해내야 하고, 이후 국가 면허시험을 치르고 합격해야만 비로소 병원에서 일할 자격이 주어진다. 거기에 더해 공부를 계속하고 몸을 많이 쓰는 직업이니 잘 생각해보고 권해야 한다. 나에게 의견을 구했던 환자분에게 이런 이야기를 해드렸더니, 어떤 직업이나 다 그렇다고 하셨다. 공부를 제대로 안 하고 몸 편하면 살아남을 수 있겠냐고 반문하셨다.

그 환자분은 환자 재활을 돕는 치료사가 매우 보람 있는 직업으로 보인다고 하셨다. 그래서 본인의 아들에게 물리치료학과에 진학하는 건 어떠냐고 한 번씩 이야기한다는 것이다. 나는 치료사가 기본적으로 사람 대하는 의료 서비스직인 만큼 아들의 성향도 고려하는 게 좋을 거라고 덧붙였다. 마지막 치료를 마치며 다음에 아들이 진학하게 되면 또 연락해서 조언을 구하겠다고 했다. 흔쾌히 언제든 연락주시라 말하며 인사드렸다.

40대 후반 여성 환자가 있었다. 재활 과정이 중반을 넘을 때 아들이 물리치료학과를 다닌다고 이야기했다. 아들이 대학생인데 너무 공부를 안 한다며 걱정했다. 학교 다닐 때 공부하는 친구들도 있지만 놀다가 졸업하고 열심히 하는 경우도 있다. 나 또한 학교 다닐 때 열심히 놀았다. 임상에 나오면서 필요해서 공부하고 흥미를 가졌다. 군대 다녀오고 나서 아들이 진로 고민을 할 거고 그때 시작해도 늦지 않다고 조언해드렸다. 대학을 졸업하면 갈 수 있는 분야가 많으니 다양한 분야에 관심을 갖도록 여러 정보만 드렸다.

당사자인 아들은 관심이 없을 수 있다. 엄마만 아들 걱정에 발만 동동 구를 뿐이었다. 모든 것에 다 때가 있듯이 본인이 하고 싶을 때 의지가 생기면 자연스레 하게 된다. 때론 학교를 다니다가 다른 전공에 관심이 생겨 목표를 바꿀 수도 있다. 졸업 후 물리치료사로 일하다가 진로를 바꾸는 사람도 여럿 보았다. 어떻게 될지는 본인 선택이다. 이후 군에 입대했다는 소식을 들었다. 군대에서 건강하게 잘 보내다 오면 된다고 말씀드렸다. 나중에 진로에 대해 상담할 일이 생기면 연락하겠다고 하시며 그때 꼭 도와달라고 하셨다.

직업 선택은 본인 의지로

나는 수능 시험을 마치고 부모님과 상의 후 국어국문학과, 행정복지학과, 경찰행정학과를 지원했다. 거기에 내 의지를 더해 물리치료학과에 지원했다. 고등학생 때 다녔던 치료실에서 경험한 좋은 기억이 남아 있어서 그랬는지 왠지 끌렸다. 그래서 물리치료학과를 선택했다. 국문과를 못 가면 취업이 잘 되고 병원에서 일할 수 있는 길도 열리니 현실적으로 더 끌렸던 것 같다. 부모님은 별다른 말씀이 없으셨다. 우리 부모님은 그저 아들이 선택한 전공을 지지해주셨다. 진로에 대해 강요하는 일은 없었다.

동료 중에 체육학과를 졸업했다가 뒤늦게 물리치료학과를 간 경우도 있다. 병원에서 일할 수 있는 면허증이 필요한 것도 아니었다. 이미 본인 분야에서 자리잡고 잘하고 있었다. 물리치료 교과과정과 학문이 마음에 들어서 배워보고 싶다는 거였다. 일하면서 회원에게 더 도움이 되고 활력을 찾고 싶어서 진학한 경우였다. 충분히 사회 경험을 쌓은 후 다시 물리치료학과에 가면 더 재밌을 것이다. 스무 살 때는 다 그렇진 않겠지만 학교 다니기에 급급하고 잘 모르는 게 많을 수 있다. 사회생활을 하고 어느 정도 계획을 세워 진학하면 얼마나 재밌을까. 학생으로 돌아간다는 자체가 좋을지도 모른다.

물리치료학과와 물리치료사에 대해 물어보면 한결같이 말하는 게 있다. 사람 만나는 걸 좋아하지 않으면 다시 생각해야 된다고 말이다. 물리치료사들은 대부분 병원 같은 의료기관에 취직한다. 거기서 환자를 치료하고, 보호자도 만나고, 다양한 사람을 만난다. 연구소에서 들어가거나 혼자서 일하는 경우도 있지만 상대적으로 비중이 낮다. 개인의 성향과 직업 특성이 잘 일치할수록 적성에 맞지 않을까? 단순히 먹고살기 위해 직업을 선택할 수도 있지만, 보람을 느끼고 오래 즐겁게 일하려면 본인의 적성을 고려하여 직업을 찾는 게 좋다.

동일한 직업이어도 본인이 어떻게 생각하고 행동하고 느끼는지가 중요하다. 같은 직업이라도 어떤 사람은 만족하고 좋은 성과를 낸다. 반대로 불만족스러워하면서 하루하루를 고통스럽게 보낼 수도 있다. 자녀에게 물리치료사를 권할 것인가는 그래서 어려운 질문이다. 일하면서 먼저 겪은 사람으로서 누군가 치료사의 길을 원한다면 충분히 안내하여 선택을 도와주고 싶다. 누구에게나 자신의 적성과 특기, 꿈이 있고, 자신만의 인생이 있다. 어느 경우이든 선배들은 다만 후배들이 여러 갈래의 길 앞에서 어느 한 곳에 첫발을 내딛으려고 할 때 정성을 더해 안내할 수 있을 뿐이다.

돈 못 버는 직업인가요?

노력한 만큼 가치가 오르다

치료사마다 연봉 차이가 많이 난다. 그래서 돈을 못 번다고 말하기도 잘 번다고 말하기도 어렵다. 2021년 9월 워크넷 직업 정보에 따르면 물리치료사의 연봉 평균 중위값은 3,278만 원이다. 하위(25%) 값은 2,841만 원, 상위(25%) 3,917만 원이다. 이는 평균을 낸 것으로 직장, 연차, 개인 능력에 따라 차이가 난다. 아는 치료사 중에는 연봉이 굉장히 높은 동료도 있다. 경력이 15년 이상이기도 하고 끊임없이 노력하는 치료사들이 대부분이기 때문이다.

막 대학을 졸업하고 취업하는 경우엔 연봉이 낮다. 3년 차까지도 그런 것 같다. 이후에는 본인의 진로와 직장에 따라 차이가 나기 시작한다. 처음에는 연봉이 적지만 뒤로 갈수록 급격하게 증가하기도 한다. 처음부터 많이 받은 경우 연차가 쌓여도 비슷하게 받기도 한다. 천차만별이라서 연봉에 대해서 왈가불가하기 어렵다. 사실 이 부분에 대해서 이야기하기 조심스럽지만 궁금해하는 내용이라 나의 경우를 용기 내어 이야기하고자 한다.

4년 차까지는 대학 동기들보다 연봉이 낮았는데 배우자는 생각으로 한 직장에 있었다. 연차가 높으면 지원해도 합격하기 힘든 직장이었다. 월급이 적어도 남들이 접하지 못한 분야에서 집중적으로 경험하자는 생각이었다. 그때 일했던 경험은 다른 직장에 옮겨서도 큰 힘이 되었다. 많은 케이스를 직접 치료하고 부서 이동을 통해 여러 분야를 압축적으로 경험했기 때문이다. 진로 선택과 연봉은 가치관이 중요하기에 어떤 게 더 낫고 안 좋다고 할 수는 없다.

그래도 연봉을 높이는 기본적인 방법은 있다. 본인의 실력을 철저히 높이고 이직하면서 올리는 것이다. 이는 다른 분야에서도 적용된다. 치료사는 이직률이 높다. 구인 광고도 많고 본인이 찾기에 따라 지원할 수 있는 다양한 분야가 존재한다. 정년이 보장되는 대학병원 및 보건 계열 공무원, 대기업 등은 들어가기 힘들지만 그 외의 직장은 준비를 잘한다면 취직이 충분히 가능하다. 따라서 실력을 쌓고 적절한 시기에 좋은 직장에 도전하는 것이 바람직하다.

실력이 쌓인 만큼 연봉이 오르다

현대 사회는 평생직장의 개념이 희미해지고 있다. 그보다 평생 직업으로 어떻게 살아갈지에 대한 고민이 필요하다. 한 직업으로 시작해 가지를 뻗어 여러 직업을 가질 수 있다. 직업에 대한 경력과 실력을 쌓아 원하는 분야를 찾는다. 중요한 건 실력이다. 치료사가 치료를 잘하면 연봉은 당연히 높아진다. 치료를 잘하면 소문이 나서 주위에서도 소개를 해주거나 같이 일해보자고 제안한다. 실력을 쌓으며 채용 정보나 주변 사람들과 교류하며 좋은 직장과 적절한 연봉을 받고 옮기는 게 빠른 길이다.

대부분 양질의 직장은 주위 사람들의 소개로 나온다. 같이 일해본 경험이 있는 동료들은 일하면서 서로 알게 된다. 저 사람 치료 실력은 어떤지, 성격은 어떤지, 인간관계는 원만한지 등을 지켜볼 수 있는 덕분이다. 치료실에서 한 발자국도 안 움직이고 치료만 해도 어떻게 된 일인지 치료 실력은 안팎으로 알려진다. 그래도 적절한 인간관계 관리는 필요하다. 같이 일했던 동료가 이직한 후 연락이 와서 좋은 자리가 생겼으니 같이 일해보자 제안하는 경우가 꽤 있다. 이렇게 이직하는 경우 연봉은 대부분 현 직장보다 많이 오른다. 같이 일했던 동료는 이전 직장의 연봉 수준을 알기 때문에 서로 이야기한 후 좋은 조건으로 다시 제안한다.

본질은 치료를 잘해야 된다는 것이다. 실력은 연봉을 올린다. 실력이 좋지 않아도 좋은 조건의 직장으로 옮길 수는 있다. 그런데 그럴 경우엔 얼마 버티지 못한다. 직장에서 연봉을 많이 준다는 건 그만큼 회사에 더 많이 이익을 내주고 더 많이 벌어줘야 한다는 의미 아닐까? 치료 실력이 부족하거나 기대했던 성과를 내지 못하면 눈치를 준다. 어느 순간 직간접적인 압박을 받아 못 버티고 사직서를 내는 사례가 흔하다. 연봉을 더 많이 받으려고 직장을 옮겨도 실력이 부족하면 나올 수밖에 없다. 모든 건 제자리를 찾아간다.

그런 면에서 치료사는 돈을 못 버는 직업은 아니라고 본다. 실력을 쌓고 노력하며 연봉을 높여가는 치료사를 많이 봤다. 설령 연차가 적을 때 몇 년 힘들더라도 포기하지 않고 노력하면 더 빛을 본다. 두 발 더 전진하기 위해 한 발 후퇴하는 경우도 있다. 실력은 하루아침에 쌓이는 게 아니기에 멀리 보고 준비하자. 때론 뒤처진다고 생각될 때도 있겠지만 잠시 쉬어가는 것도 필요하다. 조바심을 내면 스트레스를 받게 되고 본인만 힘들어진다.

돈보다 일하는 즐거움이 우선

어렸을 때 돈을 벌고 못 벌고는 본인이 선택하는 게 아니라는 말을 들었다. 돈은 좇지 말고 따라오게 만들라는 말도 들었다. 아직 이 말에 대해 명쾌하게 이야기할 순 없지만 어느 정도 수긍한다. 사람이 하는 일이 다 마음대로 되는 건 아니기 때문이다. 그저 좋아하는 일을 찾는 게 우선이었고 재밌게 하는 게 중요했다. 실력을 쌓기 위해 고민하고 노력했고 그러다 성과가 조금씩 생기지 않나 싶다. 나도 현재진행형이다.

주위에 치료사 출신으로 큰돈을 버는 선배들도 있다. 사람마다 그 기준은 다르겠지만 생각지도 못할 정도이다. 그 선배들은 연봉에 연연하지 않는다. 치료에 미쳐서 치료에만 빠져 살거나 피나는 노력을 통해 성과를 냈다. 사실 어떻게 그렇게 할 수 있을까, 라는 생각도 들지만 곰곰이 생각하면 좋아서 재밌어서 그렇게 하지 않았나 싶다. 한 걸음 한 걸음 실력도 쌓고 기회가 오면 본인이 원하는 수준의 성과를 올릴 수 있는 날이 온다고 믿는다. 생각보다 더 벌 수 있다. 하지만 본질은 변하지 않는다. 치료를 잘해야 한다는 본질에 충실하자.

첫 직장이 중요하나요?

첫 직장 고민 너무 하지 않기

첫 직장이 중요한지에 대한 질문을 여러 번 받았다. 모든 경험은 처음이 중요하다. 좋은 경험이든 안 좋은 경험이든 기억에 남기 때문이다. 아름답고 좋은 추억이 될지 이름만 들어도 욕이 나오거나 악몽에 시달릴지 아무도 모른다. 그러니 첫 직장이 중요하게 느껴질 수밖에 없다. 그런데 내 생각은 조금 다르다. 졸업을 기점으로 봤을 때 첫 직장 그 자체보다 3년 차까지 어떤 경험을 했는지가 더 중요하다는 생각이다. 첫 직장을 5년 이상 일하는 경우가 드물기도 하고, 워낙 업무 분야가 다양하기 때문이다.

물리치료사 면허 시험에 합격하고 면허증이 나오기 전 여러 고민이 생기게 마련이다. 물론 진로에 대한 고민이다. 진로에 대한 확신이 서지 않으면 혼란을 겪는 경우가 더 흔하다. 일자리가 많기 때문이다. 물리치료사는 취직이 다른 직업에 비해 잘 되는 편이고 스트레스가 덜하다. 다만 본인이 원하는 분야로 가는 건 쉽지 않다. 졸업을 앞두고 대학병원이나 꼭 취직하고자 하는 직장이 있다면, 그래서 꾸준히 준비하고 도전한다면 그나마 다행이다. 대학병원 및 의료원, 보건직 공무원은 평생직장으로 정년이 보장된다. 이외에는 수시로 옮기는 게 대부분이다. 따라서 출발에 대한 고민이 생길 수밖에 없다.

1년 차에 그만두는 흔한 이유

물리치료사의 취업 현실이나 일하는 상황은 어떨까? 졸업 후 취직하고 3~4개월 만에 나오는 사람도 허다하다. 1년을 못 채우고 다른 곳으로 이직하는 경우가 많다는 뜻이다. 왜 그럴까?

첫째, 속도에 연연하여 본인이 진심으로 원하지 않은 직장에 들어가기 때문이다. 졸업하고 동기들이 취직하기 시작하면 본인은 뒤처지는 것처럼 느낀다. 혹시 계속 놀게 되는 건 아닐까, 누구는 좋은 병원에 들어갔다는데 나는 왜 이러지, 여러 병원에 이력서를 넣는데 왜 연락이 안 올까 등 조바심이 생긴다. 그래서 조건이나 본인이 만족할 만한 직장이 아니더라도 일단 입사하고 본다. 그러나 시간이 지나면 후회하고 결국 퇴사한다.

둘째, 일을 시작했는데 지원했던 다른 직장에서 연락이 와서다. 취업원서를 넣을 때 보통 한 군데만 지원하진 않는다. 여러 병원에 이력서를 보낸다. 서류 심사에 합격하면 면접을 보고 또 합격하면 출근하는 구조다. 이미 일하고 있는데 서류 심사 결과가 늦게 나오고 면접 보자는 전화가 오는 경우도 많다. 연락이 늦게 온 곳이 더 매력적인 직장이라면 어떻게든 면접을 보게 되고 합격하면 그때는 일하던 곳을 떠나게 된다. 이런 상황이 되면 당사자도 치료실 부서장과 원장도 당황스러워진다.

셋째, 처음에는 괜찮았지만 일하면서 실망한 경우다. 직장과 조건이 좋아서 취직했다. 동기가 여럿 있는 병원에서 일하면서 선배들에게 배우고 만족스럽게 생활한다. 시간이 지나자 업무가 적성에 맞지 않고 힘들게 느껴진다. 내 길이 아니면 다른 길을 찾자는 생각으로 퇴사하기도 한다. 실망하게 된 사유는 현실적인 조건, 비전에 대한 고민, 인간관계, 치료에 자신이 없어서 등 다양하다.

물론 위의 세 가지 경우가 아니어도 첫 직장을 떠나게 되는 이유는 백 가지가 넘을 것이다.

사람은 환경과 상황, 개인적 사정으로 마음이 수시로 바뀐다. 자의든 타의든 사정이 생겨서 첫 직장에서 오래 일하지 못할 수 있다. 좋은 예로 첫 직장 동기 중 미국 물리치료사 시험을 준비했고 선임치료사와 부서장에게 상황을 미리 설명했다. 이후 시험에 합격하고 직장을 떠나는 상황이 되었다. 동료들이 업무를 힘들게 떠안지 않게 충분히 이야기하고 준비할 시간이 있었다. 동기는 모두의 축하를 받으며 미국으로 떠났다. 첫 직장에서 1년을 채우진 못했지만 짧은 근무 기간이 나쁘진 않았을 거라 지레짐작해본다.

그러니 첫 직장에 너무 목매거나 환상을 가진 필요는 없다고 조심스레 말해본다. 대신 상식선에서 도리를 지켜야 한다. 퇴사하게 되면 미리 이야기해야 한다. 일반적으로 사직 의사를 밝히고 1개월은 다음 일할 사람이 올 때까지 일하는 게 관례다. 다음 치료사가 일찍 오면 인수인계를 한 후 이직하면 된다. 갑자기 퇴사하겠다 말하고 안 나오거나 전화기를 꺼놓거나 하는 행동은 피해야 한다. 상식적인 수준에서 예를 다하면 서로 얼굴 붉힐 일이 없다. 그런데 종종 얼굴 붉힐 일이 생긴다. 시작도 중요하지만 마무리는 더 중요하다.

3년 차까지 경험이 중요하다

졸업 후 3년 차 경험이 중요하다고 생각한 이유는 자주 이직을 하는 사람이든 한 곳에 진득하게 있는 사람이든 경험하면서 나름 기준이 생기기 때문이다. 사람은 경험을 통해 가치관이 형성된다. 중학생 3년, 고등학생 3년, 대학생 3~4년처럼 3년 정도 과정이면 경험을 통해 뭔가 느끼게 된다. 즉 3년이면 어느 정도 기준이 생긴다.

나는 스포츠재활병원에서 만 3년 4개월을 일했다. 10명 정도 된 동기 중에 가장 오래 있었다. 동기 중에 오래 있었던 게 중요한 건 아니지만 다른 동기들과 먼저 나간 선배들, 뒤늦게 들어왔지만 먼저 나간 후배들과 퇴사 전 이야기를 할 기회가 그만큼 많았다. 좋은 직장과 기회로 더 잘 돼서 이직한 치료사들이 많아서 긍정적인 모습을 많이 봤다. 현재 14년 차지만 3년 동안 경험들이 지금 물리치료사의 정체성을 확립하고, 업무 수행범위를 확인하고, 동료와 환자 간 관계 정립 방법 등을 익혀 치료사로서 일하는 데 영향을 많이 받았다.

사수인 선배 치료사가 내게 밥도 많이 사주고 아낌없이 본인의 치료와 노하우를 알려주었다. 치료사가 다 합치면 20명 가까이 됐는데 재미난 에피소드도 많다. 다른 부서원들과 축구도 하고 교류도 했다. 가장 좋았던 점은 다양한 환자 케이스를 접할 기회가 많았다는 점이다. 흑역사도 꽤 있다. 병원을 그만두겠다고 말하고 다시 일하게 되어서 잠시 얼굴을 못 들고 다닐 때도 있었다. 전날 술을 잔뜩 마시고 술내를 풍겨 선배 치료사에게 심하게 혼나고 마스크를 쓰고 치료하던 철없던 시절도 있었다. 글로 다 못 적는 많은 경험이 추억이 되었고 지금도 이 일을 하고 있는 원동력이다.

첫 직장보다는 3년 차까지 내 적성에 맞는 분야와 업무를 찾기 위해 다양한 노력을 했으면 한다. 3년의 시간은 치료실 막내로서 선배들에게 배우면서 성장할 수 있는 좋은 기회이다. 치료가 되지 않아 혼자 끙끙 앓는 것보다 먼저 경험한 선배들에게 적극적으로 물어보자. 존경심까지는 아니지만 겸손한 자세로 배우고자 한다면 손사래 치는 선배들은 없을 것이다. 먼저 경험하고 이끌어주고 고민을 함께해주는 좋은 사람들을 만난다면 힘이 난다.

3년 차면 후배도 들어온다. 나도 잘 모르겠는데 자꾸 물어보면 답변을 잘못해줘서 당황스러울 때도 있다. 지식은 전달하지 못할 수 있지만 3년 차로서 쌓은 노하우는 나눌 수 있다. 둘 다 모르면 선배에게 물어보거나 인터넷 검색을 해보거나 책을 찾아보면 된다. 연차가 더 많아도 모르는 게 있을 수 있다. 먼저 일했다고 다 알 수는 없지 않은가? 서로 성장하고 발전한다는 마음으로 이해하고 노력해야 한다. 막내에서 선배도 되고 경험이 쌓여 기준이 생기는 3년 차까지 경험이 첫 직장보다 중요하다고 생각한다.

치료사가 갈 수 있는 분야는 어딘가요?

아는 만큼 진출하는 치료사 분야

치료사가 졸업하고 갈 수 있는 분야는 많다. 일할 곳은 많지만 가고 싶은 직장을 갈 수 있느냐가 문제일 뿐이다. 일단 정보가 많아야 한다. 자신이 가고 싶은 직장과 관련해 여러 사이트를 주기적으로 확인한다. 대표적으로 대한물리치료사협회, 인터넷 구인구직 사이트(메디잡, 워크넷, 사람인 등), 네이버 카페(물작매), 다음 카페(전물동) 등이 있다. 먼저, 치료사가 갈 수 있는 분야 및 직업에 대해 알아보자.

재활 전문 병원	대학병원, 의료원	준·종합병원, 의원
스포츠 물리치료	**물리치료사**	사회복지기관
방문 물리치료 산업체 물리치료		보건소, 보건계열 공무원
물리치료 관련 연구기관	필라테스 강사 트레이너	의정 장교

〈물리치료 직업 방향〉

전통적인 취업 분야

첫째, 대학병원 및 의료원이 있다. 종합병원으로 규모가 크고 안정적이라는 장점이 있다. 병원 시스템이 체계적이고 치료 부서가 잘 갖춰져 있다. 대학병원 및 의료원마다 치료실의 규모나 치료사 인원은 다양하다. 단점은 정규직 채용이 적다는 것이다. 안정적인 직장인 만큼 퇴사하는 경우가 적고, 인원을 충원하는 경우도 드물기 때문이다. 매년 계약직을 수시로 뽑는 경우가 있으니 확인해서 지원해보자. 모든 병원은 기본적으로 서류 심사와 면접을 거쳐야 하고 각 의료 기관별로 고유한 채용 과정이 존재하기도 한다. 채용 공고문을 꼼꼼하게 읽고 이에 맞게 준비해야 한다.

둘째, 준·종합병원과 의원이 있다. 이는 진료 과목과 병상 인원 규모에 따라 분류된다. 치료사가 가장 활발하게 취업하는 직장이다. 진료 과목에 따라 업무가 달라지며 운동치료실, 도수치료실, 열·전기치료실 등이 있다. 병원마다 전문적인 과목이 있고 특색 있게 치료실이 운영되기도 한다. 병원 홈페이지를 통해 특징을 살펴보자. 병원 시스템과 치료실 부서가 어떤지 알아보고 나와 잘 맞는 직장일지 생각해보자.

셋째, 재활 전문 병원은 스포츠재활, 신경계 재활, 근골격계 재활 병원 등이 있다. 따로 나누지 않고 부서가 총체적으로 운영되는 경우도 있지만 재활 전문 병원은 세부적으로 나누어 전문성을 강조하는 추세이다. 척추, 어깨, 손가락, 무릎, 족부 전문 등으로 분류하고 해당 부위를 전문적으로 수술하고 재활한다. 재활 전문 병원은 앞으로 전망이 좋은 편이다. 수술을 하는 병원과 재활만 하는 병원으로 나눠지기도 하는데, 이에 따라 업무가 달라진다. 환자 케이스도 달라지니 지원 시 고려해야 한다. 치료사도 물리치료 업무 범위에 맞게 모든 환자나 치료를 다할 수 있으면 좋지만 전문 치료사로서 업무 역량을 선택할 필요도 있다.

병원 밖으로 진출하기

넷째, 스포츠 물리치료는 국가대표 선수촌, 프로팀, 실업팀, 아마추어팀, 초·중·고·대학 선수팀 등에서 일할 수 있다. 골프 등 개인 종목 같은 경우 개인 물리치료사로 활동하기도 한다. 신입인 경우에도 지원은 가능하지만 고용주 쪽에서 경력직을 선호한다. 따라서 관련 협회, 학회 등에서 경력을 어느 정도 쌓은 다음 진출하는 게 유리하다. 여러 스포츠 분야가 있기 때문에 평소에 관심을 가지고 수시로 채용정보를 확인한다. 해당 운동을 직접 하진 못 해도 상관없지만 선수와 원활하게 호흡하려면 어느 정도 종목에 필요한 기술이나 규칙 등을 알면 좋다. 운동을 좋아한다면 일하는 데 더 도움이 된다.

다섯째, 방문 물리치료와 산업체 물리치료 시설로 갈 수 있다. 방문 물리치료는 재가 복지 서비스를 말한다. 가정에서 혼자 일상생활이 불편한 경우나 국민기초생활보장 대상자 등을 직접 찾아가 도와주는 사회적 서비스이다. 치료사가 방문해서 치료 서비스를 제공한다. 산업체 물리치료는 기업, 회사 등 산업체에 소속되어 물리치료실에서 근무하는 경우를 말한다. 업무 범위가 각각 달라서 채용 공고를 잘 살펴보고 면접 때 자세히 물어보자.

여섯째, 물리치료 관련 연구 기관에 일할 수 있다. 대학원에 진학해 학교 연구실이나 의료기관에 소속돼 연구할 수 있다. 물리치료사로 검색하기보다 연구원을 주요 키워드로 의료, 물리치료, 스포츠 등을 포함해 검색해보자. 지원 분야가 많은 경우 자신이 원하거나 전문성으로 연결될 수 있는 업무 범위를 잘 확인한다. 융합 연구 분야도 있으니 생각보다 연구직은 꽤 있는 편이다. 채용 지원 조건에 학사 지원도 가능하지만 석, 박사를 기본 요건으로 하는 경우가 더 많다. 향후 교직에 진출하고 싶다면 연구 기관에서 경험을 쌓는 것도 좋다.

일곱째, 사회복지기관도 다양하다. 장애인 복지관, 노인의료 복지시설, 노인여가 복지시설, 재가노인복지시설 등이 있다. 물리치료, 재가치료 업무를 포함해 시설마다 다양한 일을 한다. 장애아동 복지시설, 특수교육 치료교사, 장애아동 전담 어린이집도 있다. 장애아동 물리치료 및 치료교육 등의 업무를 한다. 의료, 요양, 여가, 복지 등 명칭에 따라 업무 범위가 크게 달라질 수 있어 사회복지기관마다 하는 업무 범위를 잘 숙지한 후 지원하자. 다양한 환경과 시설에서 일할 수 있다.

여덟째, 공무원과 공기관은 안정적인 직장이라는 장점이 있다. 보건소에서 물리치료를 하거나 보건 계열 공무원으로 행정 업무를 한다. 공무원으로 공채 시험에 합격해서 일하거나 계약직으로 채용되기도 한다. 재가치료를 통해 어르신, 장애인 등을 돌보고 일상생활이 불편한 내부구조를 컨설팅하기도 한다. 보건 계열 공무원은 보건의료행정 업무를 하는데, 세부 분야마다 업무가 다 다르다. 국민건강보험공단이나 건강보험심사평가원으로 진출한 경우도 있다. 각 기관마다 채용 정보를 확인해서 준비해보자.

아홉째, 군병원 및 군대에서도 물리치료를 한다. 의정장교는 군병원의 행정 및 의무를 담당한다. 부사관은 군병원 물리치료실에서 근무한다. 또한 의무실 관리 및 의무행정 업무도 한다. 의정장교는 뽑는 인원이 적은 편이다. 모집 선발 계획을 주기적으로 알아보면서 관련 서류 및 준비 사항을 미리 확인해서 준비해야 한다.

독립하는 치료사들

요즘은 필라테스 강사나 트레이너로 진출하는 경우도 꽤 많다. 병원에서 임상 경험을 쌓다가 필라테스 교육을 받고 준비해서 자연스럽게 강사가 되는 경우가 흔하다. 필라테스 분야도 물리치료사 출신을 선호한다. 환자를 직접 치료하고 재활한 경험이 필라테스 강사 일에 적합하기 때문이다. 물리치료사가 운영하는 필라테스 센터도 늘고 있다. 남녀 물리치료사 모두 관심 두고 진출할 수 있는 분야다. 헬스장과 퍼스널 트레이닝 센터 등 운동센터에도 진출할 수 있다. 운동을 평소 좋아하고 관심이 있다면 트레이너로서 활동하는 것도 바람직하다. 이 경우 해당 체육 종목과 트레이닝에 대한 지식도 필요하다. 물리치료 전공 지식은 업무에 더 도움이 된다.

이외에도 학회, 교육 기관 강사로 활동하기도 한다. 처음부터 교육 강사로 활동하진 않는다. 임상 경험이 쌓이면서 학회, 교육 단체 활동을 하다 보면 기회가 주어진다. 학회마다 강사 선발 기준은 다르다. 기업체, 관공서에서 일반인을 대상으로 강연하는 경우도 있다. 대체로 교육 강사는 경력이 쌓이면서 해당 분야에 필요한 자질과 자격이 있을 때 진출한다. 직접 사람과 마주 대하여 일하거나 교육하는 오프라인뿐 아니라 온라인 분야로 기회를 넓힐 수 있다. 예를 들어 유튜버로 활동하는 물리치료사도 있고, 온라인 교육 강사로 활동하기도 한다.

물리치료사가 활동할 수 있는 분야는 이처럼 다양하다. 진로 분야와 직종이 다양해서 오히려 정보 부족으로 진출하지 못하는 경우가 더 많다. 남보다 부지런하고 꾸준히 찾아보고 준비한다면 본인이 원하는 분야에서 활약할 수 있다. 물리치료사라고 해서 무조건 병원에서 일할 필요는 없다. 본인의 바람과 적성, 흥미와 성향에 따라 진로를 선택하길 바란다. 물리치료 학문을 배경으로 진출할 수 있는 분야는 무궁무진하다. 먼저 진출한 선배에게 조언을 구하거나 교수님에게 자문도 구해보자. 준비가 되어 있고 두드리는 자에게 문은 열린다.

도수치료가 전망이 좋나요?

물리치료사가 도수치료를 한다

도수치료란 물리치료의 한 방법으로 맨손을 이용한 치료를 말한다. 2010년 이후로 도수치료를 하는 병원이 많아졌다. 물론 그전에도 있었지만 지금은 정형외과, 통증의학과, 재활의학과 등 통증과 관련된 진료 과목 병원에서 대부분 도수치료실을 운영한다. 도수치료실이 많아졌다는 것은 그만큼 전망이 좋아졌다는 반증이다. 도수치료를 하는 물리치료사는 연봉이 높은 편이다. 맨손으로 하는 만큼 정교한 기술과 그에 맞는 이론, 근거가 필요하다.

치료실에서 도수치료사로 불리기보다 물리치료의 일종인 도수치료를 한다고 소개한다. 물리치료사는 도수치료를 물리치료의 한 방법으로 사용한다고 이야기한다. 군이 분류해서 새로운 직업 명칭을 만들 필요는 없다. 운동치료도 물리치료 방법 중 하나이다. 운동치료사라는 명칭을 만들어 다른 분야와 혼동을 주면 안 된다.

　도수치료는 누가 할 수 있을까? 의사 또는 물리치료사가 할 수 있다. 현실은 의사가 직접 하는 경우는 드물고, 물리치료사가 대부분 전문적으로 치료한다. 도수치료는 맨손을 이용해 신체를 진단한다. 근골격계, 신경계 등 문제로 발생하는 부분을 평가를 통해 원인을 찾고, 신체를 바로 잡아 통증과 기능을 회복시키는 치료 방법이다. 마사지와 비슷해 보이지만 도수치료는 평가가 필수다. 마사지는 평가를 하지 않고 근육을 이완시켜주는 기술 중 하나다. 치료사가 평가를 한 후에 마사지를 하면 치료적 마사지가 된다. 맨손 치료를 누가 하느냐, 철학, 이론, 기술 등 접근 방법이 무엇인가에 따라 다양한 도수치료가 된다. 중요한 건 치료사가 평가를 통해 치료를 수행했는가 하는 점이다.

　한방에서 하는 추나요법도 맨손으로 한다는 점에서 도수치료와 유사하지만 한의사가 한다는 차이가 있다. 추나요법은 밀 추(推)와 잡을 나(拿)가 결합된 용어로 한의학적 원리를 이용해 치료하는 방법으로 도수치료와 접근법이 다르다. 카이로프랙틱(chiropractic)은 뼈를 교정하는 척추 교정을 주로 한다. 미국과 호주 등 외국 대학에서 카이로프랙틱 정규 과정을 이수하고 실습과 시험을 통해 자격을 얻는다. 손으로 한다는 면에서 도수치료와 유사해 보이나 이도 시행하는 사람과 접근법에 차이가 있다.

다양한 도수치료 방법

도수치료는 관절가동술(Joint mobilization), 근육이완술(Muscle release technique), 신경가동술(Nerve mobilization, Neurodynamic), 근막이완술(Myofascial Release Technique; MFR), 척추 교정(Spinal manipulation), 근에너지기법(Muscle Energy Technique; MET), 두개천골요법(Cranio Sacaral Therapy; CST), 내장기 도수물리치료(Visceral Manipulation; VM) 등 다양한 방법이 있다. 각 치료 방법은 해부학, 기능해부학, 운동학, 생리학, 병리학 등을 바탕으로 학문적 이론과 실습을 통해 갈고닦아야 한다.

관절가동술은 관절의 움직임을 주는 도수치료 방법이다. 관절이 뻣뻣하거나 굳어 관절 움직임이 줄어든 경우 견인, 가동 기법을 이용해 늘려준다. 관절마다 면과 구조가 달라서 관절형상학, 관절운동학을 바탕으로 실시한다. 문제가 생긴 관절 검사를 통해 관절 가동 범위가 제한된 경우 치료한다. 무릎, 어깨 등 수술 후에 수동적 관절가동술을 실시한다. 관절가동술은 과가동성(hypermobility)을 가진 관절을 무리하게 더 움직이거나 염증이 있는 경우 할 때 증상이 심해지면서 문제가 된다. 평가와 검사를 통해 관절가동술이 필요한 경우를 판별해야 한다. 이는 다른 도수치료 방법도 마찬가지다.

근육이완술은 근육을 부드럽게 풀어주는 것을 말한다. 근육 평가를 통해 뭉치거나 뻣뻣한 근육을 손을 이용해서 이완시킨다. 도수치료에서 많이 쓰이는 방법으로 형태가 다양하다. 통증이 없는 범위 내에서 하는 경우와 통증이 약간 발생되어도 진행하는 경우가 있다. 손가락을 이용해 강하게 근육을 풀면 손가락, 손목, 어깨가 망가진다. 몸과 자세 역학을 고려해 적절한 힘으로 실시한다. 환자들이 경락마사지와 스포츠 마사지 차이점을 물어보면 평가의 의미를 말해드리면 된다. 평가가 있으면 근육이완치료라 불리고 평가가 없으면 마사지이다.

신경가동술은 신경계 중 말초신경 움직임을 통해 신경을 평가하고 치료하는 방법이다. 신경가동술은 신경 뿌리(nerve root) 및 말초신경으로 인한 통증이 있는 환자를 대상으로 한다. 신경가동술은 신경 긴장을 이용한 역동성 신경가동술(neurodynamic)로 발전되었다.

근막이완술은 근막을 이완하는 치료법이다. 근막은 근육을 싸는 얇고 투명한 그물막 같은 결합조직의 일종이다. 결합조직은 세포와 조직을 연결시키고 신체 구조를 지지해주는 기능을 한다. 근막은 근육을 포함해 골막, 인대, 내장, 기관, 피부조직 등 인체에 넓게 분포되어 있다. 즉 근막이완술은 다양한 조직과 연결되는 신체 구조를 지지하고 연결하는 근막을 부드럽게 풀어주는 방법이다. 표층, 심층 근막과 구조, 방향에 따라 다양한 이완 기법이 있다.

척추 도수 교정은 흔히 '두두둑' 소리를 내며 뼈를 교정하는 도수 치료법을 말한다. 척추 도수 교정은 환자들에게 만족감이 높은 편이다. 척추 관절의 움직임이 제한될 때 치료사가 순간 밀치기(manipulation)를 통해 교정한다. 관절 공간과 움직임이 확보되면서 구조적, 생리적인 변화로 치료되는 원리이다. 단순히 소리가 난다고 해서 치료가 되는 건 아니다. 유의할 점은 정확한 방향과 기술로 했을 때 효과가 있고, 잘못 시행하면 오히려 사고가 발생한다는 점이다. 충분히 지식을 쌓고 실습을 통해 능숙하고 안전하게 해야 한다.

근에너지기법은 치료사가 반대 압력과 조절된 방향으로 환자의 능동적인 근수축을 이용해 치료하는 방법이다. 근육, 힘줄, 관절에 문제가 있을 때 이 방법을 이용해 치료한다. 두개천골요법은 뇌척수액(CSF)의 흐름과 리듬이 신체 전반에 영향을 준다는 원리로 시작되었다. 가벼운 촉진 방법으로 생리적 기능을 증진시키기 위해 치료하는 방법이다. 내장기 도수물리치료는 내장기가 긴장되거나 결합조직이 유착된 부분을 찾아내 치료하는 방법이다. 이 외에도 여러 도수치료 기법이 있다.

도수치료를 숙련시키는 데 시간이 필요하다. 한 가지 방법이 아닌 다양한 도수치료 방법을 익힐수록 좋다. 평가한 후 다양한 치료법으로 적재적소에 적용한다. 어떤 치료법이 더 낫다고 할 순 없다. 치료 기법마다 장점과 단점은 존재하기 때문이다. 도수치료가 언제 적절하게 쓰일지는 환자 증상과 평가 방법에 따라 달라진다. 치료사에 맞는 도수치료 방법을 찾아 본인만의 스타일을 만드는 게 좋다. 공부를 하면서 익히면 노하우가 생긴다. 도수치료를 전문으로 하는 물리치료사는 전도유망하다. 그러나 하루아침에 실력이 늘지 않으므로 최소 5년을 목표로 차근차근 실력을 쌓아가라고 권하고 싶다.

스포츠 현장으로 가려면 어떻게 해야 하나요?

스포츠 분야 채용 탐색하기

국가대표팀 치료사로 활동하면 어떨까? 국대 치료사는 국가대표 간 경기를 할 때 선수들의 움직임을 지켜보면서 부상이 발생했을 시 적절한 처치를 하는 사람이다. 물론 경기 전후로 훈련과 재활을 도와주기도 한다. 스포츠를 좋아하는 사람이라면 도전해볼 만한 분야다. 그러나 얼마 전까지만 해도 물리치료사에게는 스포츠 현장으로 가는 길이 생소하게 여겨졌다. 치료사도 얼마든지 갈 수 있는 분야인데 대개 의사나 트레이너가 이 역할을 맡는다고 생각해 왔기 때문이다. 학생 때부터 관심을 가지고 준비하면 진출하는 데 더욱더 용이할 것이다. 선수단, 스포츠 종목 협회, 스포츠재활 병원, 개인 치료사 등 갈 수 있는 길도 다양하니 철저하게 알아보고 준비하자.

스포츠 분야 진출은 대한체육회 사이트 채용정보를 수시로 확인하고 지원하는 방법이 있다. 스포츠 종목별 협회에 채용 정보가 올라오기도 하지만 대한체육회 산하인 경우가 많아 동시에 올라온다. 종목별로 필요한 업무 분야로 치료사, 트레이너, 체력트레이너, 의무트레이너 등이 있으며 주로 치료사 채용, 의무트레이너 채용 등의 제목으로 올라온다. 채용 정보가 수시로 올라오므로 자주 확인해야 한다. 평소 관심이 있다면 대한체육회 채용공고 정보를 통해 필요 서류나 채용 절차를 눈여겨본다. 협회에서는 경력직을 선호하지만 간혹 준비된 자격을 갖춘 신입을 채용하기도 한다.

대한선수트레이너협회(KATA) 사이트의 구인구직 게시판도 있다. 구인구직 게시판에 선수 트레이너(Athletic Trainer; AT) 채용 정보가 올라온다. 수시로 확인하면서 준비해보자. KATA는 일 년에 일정 시간 선수트레이닝 연수과정이 있다. 연수과정은 이론, 실습, 시험 과정으로 이루어진다. 연수과정 강사는 현장 트레이너나 지도자로 구성된다. 연수과정 중 눈에 띄어 바로 팀에 채용되는 경우도 있다. 선수트레이너 이수나 자격증을 우대하는 협회나 팀이 많은 편이므로 미리 준비해두면 좋을 것이다. 아무래도 스포츠 분야에 지식과 경험이 쌓인 인재를 뽑고 싶어 하기 때문이다.

선배 중에 KATA 과정을 마치고 야구팀 트레이너로 간 경우도 있다. 스포츠재활 병원에 함께 근무하던 후배도 연수를 마치고 나중에 프로팀으로 이직했다. 교육 이수 후 지원할 수 있는 실습 채용 정보가 올라오기도 한다. 인턴 실습 등 스포츠 현장으로 나아갈 수 있는 기회가 있으니 경험을 차곡차곡 쌓아보자. 스포츠와 관련된 경험을 중요시하고 소개로 진출하는 경우가 많기에 관심을 가진 분야에서 꾸준히 활동하면 취업에 유리하다.

스포츠 분야 자세히 보기

스포츠 분야는 국가대표팀, 프로팀, 실업팀, 아마추어팀, 초·중·고·대학 선수 팀, 관련 종목 협회 소속 등 진출할 수 있는 분야가 많고, 근무 여건이나 업무 범위도 다양하다. 스포츠종목과 선수에 따라 하는 일도 달라진다. 본인이 관심을 가진 스포츠 종목을 꾸준히 공부하고 자신에게 잘 맞을지 진지하게 고민한 뒤 지원해야 한다. 무턱대고 지원해서 합격했다가 예상 환경과 달라 당황하거나 일찍 그만두는 경우도 많기 때문이다. 심지어 실망하는 치료사도 여럿 봤다.

팀이 아닌 개인 치료사나 트레이너로 채용되는 경우도 있다. LPGA 골프 선수 경우 개인 치료사 또는 트레이너와 함께 하는 경우가 있다. 여러 나라를 돌아다니며 골프 경기력과 부상 방지, 재활을 도우며 일하게 된다. 골프에 관심이 많아서인지 주변에 개인 치료사나 트레이너로 활약하는 소식을 보고 듣는다. 다른 개인 종목 선수들과도 스포츠 현장을 함께할 수 있다는 정보도 기억해두자.

스포츠재활 전문 운동센터에서 일하는 경우도 있다. 치료사 중에 현장 경험을 살려 전문 운동센터를 운영하는 분도 있다. 선수는 병원에서 함께 재활했던 치료사나 트레이너와 연락을 하면서 관계를 이어가곤 한다. 병원 밖이나 팀이 아닌 운동센터에 와서 재활 또는 트레이닝을 한다. 평소에 뉴스 기사나 검색을 통해 눈여겨보고 있다가 채용 정보를 발견하면 지원한다.

나는 어렸을 때부터 친구들과 운동을 즐겨 했다. 하는 것도 보는 것도 다 좋아했다. 자연스럽게 스포츠 분야로 진출하면 어떨까, 하는 생각도 했다. 구체적으로 고민한 건 물리치료사 면허 시험을 보고 나서였다. 구인구직 사이트와 스포츠재활 전문 병원을 검색했다. 보통 구인구직 사이트에 올라오지만 병원 측에서 홈페이지에 직접 올리는 경우도 있다. 가고 싶었던 병원이 일 년에 한 번 채용을 했기에 매일 꾸준히 검색하다가 정보를 찾았고, 지원하고 합격해서 취직하게 되었다.

스포츠재활 병원에서 하는 일이 궁금할 것이다. 실내에서만 선수 치료와 재활 과정을 돕겠지, 라고 생각할 수 있는데 실제로 주 업무는 병원에서 이루어진다. 때때로 의무 지원으로 스포츠 현장에 투입되기도 한다. 스포츠 물리치료실이 있다면 갈 기회는 분야별로 무궁무진하다. 동료 치료사들도 의무 파견을 자주 나갔다. 나는 골프에 관심이 있어서 골프대회에 의무지원을 종종 나가곤 했다. 동료 중에 골프 선수의 개인 치료사 자격으로 해외를 누비는 경우도 여럿 있었다. 축구, 사이클, 마라톤, 피겨 스케이팅 등 대회가 있으면 파견을 나가거나 일정 기간 일하고 오는 경우도 있다. 스포츠재활 병원에 있어도 스포츠 현장을 누빌 기회가 많은 셈이다.

스포츠 분야의 장단점

스포츠 물리치료는 선수들과 가까이서 호흡할 수 있다는 장점이 있다. 스포츠 팀 경험은 경력 차원에서도 장점이 된다. 한 종목 분야에 경력을 쌓으면 다른 분야로 이직도 잘 되는 편이다. 국내외로 훈련도 함께하며 일할 수 있다. 자신이 운동을 좋아한다면 더욱 좋다. 단점은 정규직보다 계약직 채용 비중이 높다는 것이다. 1년 단위나 특정 기간만 계약했다가 서로 잘 맞으면 연장하는 경우가 많다. 따라서 정규직이 되는 데 시간이 다소 걸리고 채용 인원이 적다는 단점도 따른다. 또한 불규칙한 업무 시간과 범위로 혼란을 겪을 수도 있다. 병원 등 의료 관련 기관처럼 업무 시간이 정해져 있지 않은 경우가 꽤 있고, 선수나 경기 일정에 따라 근무 일정이 변경되는 탓이다. 스포츠 물리치료 분야는 장점과 단점이 명확하기에 잘 고려해야 한다.

나는 지금도 가끔 선수 재활을 한다. 골프, 수영, 야구, 배구 등 선수들이 찾아온다. 요즘은 일반인들도 취미생활로 운동을 활발히 하는 편이라 스포츠 물리치료에 대한 지식과 경험이 있다면 어디서든 스포츠 물리치료를 할 수 있다. 학생 때는 스포츠 대회나 경기에 봉사 활동 삼아 참여하길 권한다. 직접 운동도 해보고 관련 경험을 쌓는다면 반드시 기회가 올 테니, 정보 검색을 수시로 하고 스포츠 물리치료, 트레이닝 분야 공부와 경험을 통해 준비해보자.

대학원 진학이 도움이 될까요?

목표가 필요한 대학원 과정

개인적으로는 대학원 진학이 치료사로 일하는 데 도움이 되었다. 주변을 둘러보면 대학원 진학에 회의적인 치료사도 있다. 과연 시간과 비용을 들여 공부했을 때 보다 나은 생산성과 효율성이 있느냐를 고민하기 때문이다. 냉정하게 말하면 대학원 진학이 연봉이나 구체적 성과 등을 바로 높여주진 않는다. 대학원 생활은 심화된 연구를 통해 자기계발을 하면서 실력을 키워나가는 과정이다. 따라서 대학원 진학엔 확실한 목표가 중요하다. 목표가 없으면 흐지부지하게 대학원 생활을 하고 시간 낭비였다는 생각을 할 수 있다. 목표를 잘 세우고 노력한다면 대학원 진학도 치료사 생활에 도움이 된다.

대한물리치료사협회에 따르면 2024년 3월 기준으로 물리치료를 전공할 수 있는 대학원은 45개이다. 각 대학원은 석사 과정만 있거나 석, 박사과정 모두 있다. 일 년에 보통 상, 하반기 모집 계획이 사전에 공고된다. 학교마다 모집 시기가 다르므로 미리 확인하면 좋다. 지역별로도 대학원은 있다. 졸업했던 대학에 대학원 과정이 있는 경우 정보를 얻기 편하다. 대학원마다 교과 과정과 졸업 요건이 다르기 때문에 지원 시 홈페이지나 입시 요강을 잘 살펴야 한다. 궁금한 점이 있다면 대학원 담당 사무실에 전화해서 물어본다.

대학원은 연구를 주로 한다. 논문 작성과 학회 발표도 하고 각종 연구 프로젝트에 참여할 수 있다. 대학원 연구실에 종일 연구하는 전일제가 아닌 경우 직장을 다니면서 대학원 생활을 병행하는 비전일제나 부분전일제를 선택할 수 있는지 살펴본다. 직장 생활을 할 경우 대학원 수업 요일과 시간도 잘 살피고 여건이 가능한지 봐야 한다. 지원해서 합격했는데 직장 근무 시간과 겹쳐서 포기하거나 학업 도중 대학원 수업에 못 가는 경우도 생기기 때문이다.

가고자 하는 대학원에 본인이 관심 있는 주제로 연구 지도를 해줄 교수님이 있는지도 살펴야 한다. 지원 전에 메일을 보내거나 연락을 해서 상담하는 것이 좋다. 대학원은 지도 교수님과 연구실별로 연구 분야와 주제가 세분화된다. 대학원 강의도 중요하지만 학위 논문을 써야 할 때 지도교수님과 연구실 실험 여건 등 현실적으로 가능한지 살펴봐야 한다. 입학 전에 잘 계획하고 꼭 직접 상담해 볼 것을 권한다.

대학원 과정의 장단점

대학원 생활의 장점은 자기계발을 할 수 있다는 점이다. 필요한 공부를 연구자 관점에 접근할 수 있다. 수업 때 여러 치료사와 발표하고 논의하면서 실력을 쌓을 수 있다. 대학원생들끼리 친목을 다지며 서로 도움을 주고받기도 한다. 사회생활을 하다 보면 대학원 동료의 도움 받을 일이 종종 생긴다. 공부뿐 아니라 인적 네트워크를 형성하는 데도 유용하다. 간혹 교류를 위해 대학원에 진학하는 치료사도 있다. 모든 분야를 다 잘할 수는 없기에 여건만 된다면 대학원 진학 후 서로 교류하면서 부족한 부분을 채워나가는 방법도 나쁘지 않다.

물론 대학원 진학엔 장점만큼 단점도 존재한다. 직장 생활을 하는 경우 일을 하고 나서 공부를 더 하는 것이어서 피곤할 수 있다. 체력을 안배하고 계획을 잘 세워야 한다. 대학원은 등록비를 낸다. 자신에게 투자하기 때문에 돈이 들어간다. 따라서 경제적인 면에서도 계획을 잘 세워야 한다. 나는 3년 차 때 대학원에 진학했다. 일과 공부를 병행하는 것도 힘들었지만 경제적인 부분도 항상 고민이었다. 여러 여건을 고려해 공부 시기를 정하고 집중해야 학업에 열중하기 편하다. 한편으로 대학원 진학이 실질적인 성과로 바로 나오지 않는다는 점도 명심해야 한다. 대학원만 졸업하면 많은 게 바뀔 거라고 생각하면 실망할 수 있다.

본인의 관심 주제로 연구하라

나는 스포츠재활 병원에서 일하면서 스포츠의학 공부를 더 해보고 싶다는 생각이 들었다. 물리치료 전공 대학원이 아닌 스포츠의학 전공으로 진학했다. 스포츠 손상과 관련된 공부와 경험은 직장에서 이미 쌓고 있었기에 세부 전공은 임상 운동으로 선택했다. 스포츠의학 전공이나 관련 공부도 하지만 임상 운동은 체육학 쪽에서 다루는 과목도 많은 편이었다. 치료할 때 학문 배경을 확장하고 접근하는 데 큰 도움이 되었다.

학위 논문 작성은 어려운 과정이었다. 지칠 때도 있었지만 지도교수님과 여러 동료의 도움을 받아서 무사히 마칠 수 있었다. 연구 주제는 근육 손상, 운동과 회복에 대한 것이었다. 환자 중 근육 손상으로 치료받거나 재활하는 경우가 많았다. 운동 후 어떻게 하면 빨리 회복할 수 있을지를 평소 고민하다가 주제를 선정했다. 환자와 선수를 운동치료하고 회복할 때 도움이 되었다. 환자나 고객이 질문할 때도 다양한 이론과 정보를 제공한다. 의료기기 회사에 지원할 때 도움이 되기도 했다. 나의 경우엔 대학원에서 공부하며 연구했던 주제가 여러 모로 쓸모가 있었다.

이후에 일을 하다 보니 다양한 연령대 환자나 고객을 만나게 되었다. 노화에 대한 주제와 연구 내용에 관심을 갖게 되면서 다시 대학원에 진학하게 됐다. 이때도 물리치료 전공보다는 노화에 특화된 대학원과 전공을 찾아서 지원했다. 노년학에 대해 들어본 적이 있었는데 관련된 전공을 찾아보니 거의 없었다. 대학원 홈페이지와 교과과정 등 입학, 졸업 자료들을 검토하고 고민한 끝에 현재 대학원을 선택했다.

직장 선택도 그랬지만 당시 관심 있거나 재밌을 분야로 일하고 공부하고자 했다. 일도 공부도 어렵거나 흥미가 없으면 목표나 의지가 떨어진다. 되도록 관심 있는 분야를 찾고 적절하게 연결되는 진로를 결정하는 것이 좋다. 그러다 보니 몸과 마음이 힘들 때도 있지만 포기하지 않고 하게 되었다. 공부는 계속 현재진행형이다. 가끔 내가 무슨 부귀영화를 누리자고 대학원에 갔나 하고 일시적인 회의감이 들기도 하지만 후회한 적은 없었다. 긍정적인 변화를 생각하고 생활하고 노력할 뿐이다.

임상 경험을 쌓다 보면 갑자기 공부를 더 하거나 필요에 의해 대학원에 진학하고 싶을 때가 있다. 어떻게 될지 모른다. 끊임없이 자기계발을 하고 전문성을 더 쌓고 싶다면 대학원 진학도 괜찮은 선택지다. 물론 대학원에 가지 않아도 직장이나 학회 교육을 통해 전문성과 경험을 더 쌓을 수 있다. 치료사는 본인 하기 나름이다. 정답은 없다. 가고자 하는 대학원을 졸업한 선배와 동료들에게 많이 물어보고 목표를 명확하게 설정해서 가길 권한다. 긍정적으로 이야기하거나 부정적으로 이야기하는 게 첨예하게 갈려서 무조건 좋다고 하진 못하지만 장단점을 알고 도전하면 된다.

100세 시대에 떠오르는 키워드

치료사에게 100세 시대란

2019년 9월 기준 통계청에 따르면 2025년 우리나라는 65세 이상이 전체 인구의 20퍼센트인 초고령 사회가 될 것으로 예측한다. 또한 우리나라 인구는 2019년 5,200만 명에서 2067년 3,900만 명으로 감소할 것으로 추정한다. 2067년 65세 이상이 46.5퍼센트로 보고 있다. 참고로 생산연령인구(15~64세)는 45.4퍼센트로 예상한다. 일하는 사람보다 65세 이상 비중이 많은 셈이다. 따라서 다가오는 백세시대는 치료사의 진로 선택에도 큰 영향을 주게 될 것이다.

평균 수명이 늘어난 요즘, 70대, 80대 분들도 일상생활을 잘하신다. 지금은 단순히 오래만 사는 평균 수명보다 건강하게 오래 사는 건강 수명에 대한 기대가 크다. 치료사는 현재에도 어르신들을 재

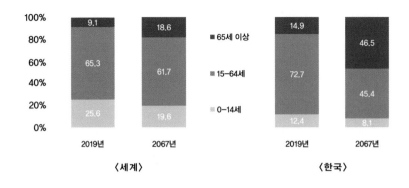

백세 시대의 인구 비율

활하고 각 분야에 종횡무진 활동하고 있지만 백세 시대가 되면 어엿한 주역으로 떠오를 것이다. 치료사에게 백세 시대에 관심 있게 보아야 할 키워드가 있다. 이는 바로 '노화' '노쇠' '근감소증'이다. 키워드에 대한 다양한 건강관리를 알고 환자 또는 고객에게 도움을 준다면 하나의 비즈니스 시장을 선도할 수 있다.

노화, 노쇠, 근감소증

노화(aging)는 생물체가 시간이 지남에 따라 기능이 약해지는 것을 말한다. 일종의 퇴행성 변화다. 사람은 연령이 증가함에 따라 심장, 폐, 근육, 관절 등 부위에서 퇴행성 변화를 겪는다. 무릎 관절염, 척추 협착증 등 근골격계 질환뿐 아니라 몸을 이루는 신체 구조와 세포 단위까지 노화가 진행된다. 치료사는 병원에서 노년층을 치료하고 재활한다. 운동치료를 통해 일상생활에 필요한 기능을 향상시키고 더 나빠지지 않게 유지하도록 돕는다. 꼭 60대 이후가 아니라 성장이 멈추고 노화가 시작되는 20대부터 각 세대가 원하는 노화 방지 관리를 통해 업무 영역을 넓힐 수 있다.

운동은 노화 관리에 큰 도움이 된다. 심장과 폐 등 혈액 순환을 개선해주는데, 이때 조직뿐 아니라 세포 수준에서도 변화가 일어난다. 2017년 미국질병통제예방센터에 따르면 운동(주 5일 30분 달리기 수준)을 한 경우 앉아서 생활하는 사람과 비교해 텔로미어(telomere)가 10년 이상 젊다고 보고했다. 텔로미어는 염색체의 끝에 붙어 있는 덮개로 DNA를 보호하는 역할을 하는데, 세포가 분열하는 동안 염색체를 보호한다. 텔로미어는 세포 노화와 밀접하게 관련되는데, 운동을 꾸준히 하면 노화를 늦추는 데 도움을 준다.

2017년 저명한 〈셀 메타볼리즘(Cell metabolism)〉 학술지에 운동 유형별 건강 유전자와의 관계를 알아본 연구 결과가 발표됐다. 연구 결과 고강도 인터벌 트레이닝(High Intensity Interval Training ; HIIT)이 건강 유전자를 가장 활성화시켰다고 한다. 이 외에도 운동이 노화 지표를 개선시킨다는 연구 결과가 계속 나오고 있다. 운동치료는 신체 기능과 일상생활 훈련까지 연결이 가능하다. 치료사는 평가와 운동치료 원리를 토대로 노화 방지 프로그램을 만드는 데 유리하다.

노쇠(frailty)는 노화와 다른 개념이다. 노쇠는 쇠약한 상태를 말한다. 질병이 없어도 노쇠가 일어날 수 있다. 프라이드(Fried) 노쇠 기준에 따르면 노쇠는 신체활동량 감소, 피로(탈진), 체중 감소, 보행

속도 감소, 근력 약화를 통해 알 수 있다. 평가표에 따라 만성질환 수를 포함한 경우도 있다. 평가표 또는 질문지를 이용해 해당 항목이 3개 이상일 경우 노쇠, 1~2개는 전노쇠(pre-frailty), 0은 정상으로 본다. 한국형 노쇠 설문지를 통해 간단하게 확인할 수도 있다.

노쇠는 단일 중재(한 가지 치료 관리법) 중 운동이 효과적이다. 복합 운동으로 유산소 운동, 무산소 운동, 균형 운동, 유연성 운동을 할 수 있다. 노쇠의 단계마다 예방 및 관리를 위해 운동 프로그램을 구성할 수 있다. 노쇠 예방과 관리는 개인 맞춤형이 효과적이다. 치료사는 개인을 평가하고 치료 프로그램을 구성하는 사람이다. 노쇠에 최적화된 업무를 하는 셈이다. 노화는 막을 수 없지만 노쇠는 막을 수 있다는 말이 있다. 치료사가 잘할 수 있는 영역이다.

근감소증(sarcopenia)은 30대 후반부터 시작해 50대 이후에 연령이 증가하면서 근육량이 감소하고 근력 또는 수행력(performance)이 약해지는 것을 말한다. 1989년 처음으로 로젠버그(Rosenberg) 교수에 의해 노화에 따른 근육량 감소로 소개됐다. 이후에 현재에 근력 또는 수행력이 추가된 개념으로 평가되고 진단된다. 근감소증은 의학, 체육계에서 관심과 활발한 연구가 진행되고 있다. 약물, 영양, 운동 등 관련 연구가 쏟아지고 있다. 치료사는 근육량, 근력을 증가시키고 수행력을 향상시키는 역량이 탁월한 전문가들이다.

2011년 특강 때 미국에서 막 유학을 마치고 온 교수님이 근감소증이 질병 코드로 분류되는 움직임을 보이고 있다고 소개했다. 한국도 5~6년 후에 논의가 활발해지고 관련 분야에 연구가 많이 나올 거라 예상했는데 실제 그런 흐름으로 흘러갔다. 이후 2017년 세계보건기구(WHO)는 근감소증을 질병으로 분류하고 인정했다. 근감소증은 운동이 보존적 방법으로 가장 효과적이고 영양 처방을 더하는 등 복합 중재 프로그램을 처방하고 있다.

근감소증 관리는 치료사가 관심을 가지고 업무 영역 안으로 적극적으로 이끌 필요가 있다. 다른 분야와 함께 연구도 하고 치료사가 전문가임을 알리면 업무 범위를 확장할 수 있다. 운동뿐 아니라 영양, 약물 등에 대한 지식도 알고 조언할 수 있다면 더 좋을 듯하다.

역할이 늘어날 치료사 분야

신체 기능과 움직임을 강조하는 물리치료사의 업무는 유용하다. 연령이 증가하면 퇴행성 변화를 보이고 노화가 진행된다. 이런 경우 물리치료사는 탁월한 역량을 발휘하여 사람들을 도울 수 있다. 구조를 되돌릴 순 없지만 신체 기능과 움직임을 더 향상시키는 일을 하는 전문가이기 때문이다. 이렇듯 치료사는 물리치료 학문 배경과 지식을 바탕으로 다양한 업무 영역을 넓힐 수 있다. 특히 그 역할이 백세 시대와 잘 맞물린다.

백세 시대는 운동치료와 퍼포먼스 향상으로 넘어가는 단계에 특히 관심을 가져야 한다. 건강한 사람은 더 적극적이고 활동적으로 생활하길 바란다. 아픈 사람만 치료하고 회복시킨다는 생각이 아닌 삶의 모든 과정에서 치료사는 사람들에게 도움을 줄 수 있다. 모든 사람을 대상으로 생애주기별로 어떻게 치료 서비스를 제공할지 고민해야 한다. 예를 들어 영유아, 어린이는 놀이 위주의 운동 서비스를 할 수 있다. 소아재활에서 운동 치료를 하는데 이를 토대도 다양한 프로그램을 만들 수 있다. 청소년기에는 체형교정과 학생 체력 증진 프로그램도 제공할 수 있다. 2030세대는 체형교정, 다이어트 등 건강과 미용 증진 목적을 포함한 프로그램을 할 수 있다. 4050세대는 만성질환과 체력이 급격하게 떨어지는 시기라 무리하지 않는 운동이 유용하다. 6070세대는 낙상 예방을 위해 균형운동을 필수로 넣고 근력 운동을 보강해 프로그램을 만들 수 있다. 이는 체력적인 측면을 강조한 것으로 이 외에도 생애주기별로 개인 목표에 따라 얼마든지 다양한 프로그램을 만들 수 있다. 꼭 치료만 생각하기보다 주된 분야뿐 아니라 틈새시장을 확장시켜 업무 범위를 다양화할 수 있다. 백세 시대는 물리치료사에게 다양한 기회와 환경을 제공할 것이다.

떠오르는 방문재활 서비스

집에서도 치료가 가능하다

일반적으로 아프면 병원에 간다. 병원에 가서 진료실 앞에 대기한 후 의사 진료 후 처방이 나온다. 수술 후나 입원이 필요한 경우 병원에서 치료를 받는다. 대개 의료기관에서 치료가 이루어진다. 하지만 거동이 불편해서 병원에 오기 힘든 경우는 어떨까? 집에서 아픈 상태로 끙끙 앓다가 심각해진 경우 구급차나 가족에 동행으로 병원에 가야 할까? 아니다. 이미 집에서도 치료를 받을 수 있는 여건이 되었다. 바로 방문재활 서비스이다.

방문재활 서비스는 현재 정부에서 '회복기 재활의료기관 수가 시범사업'으로 전국 53개 회복기 재활의료기관에서 시행 중이다. 일상생활동작이 빨리 가능하도록 기능회복 시기에 집중재활을 하자는 취지로 시작되었다. 예를 들어 병원에서 수술 후 급성기를 지나 회복기, 유지기를 거치면서 집에 찾아가 재활을 통해 일상생활을 돕는 것이다. 아무래도 병원에서 오래 머물며 치료를 할 수 있는 경우는 제한적이다. 그렇다 보니 회복기 의료기관에서 의사 처방 후 물리치료사가 환자 집으로 가서 재활을 할 수 있게 되었다.

〈재활의료기관 서비스 모형〉

자료: 보건복지부, 건강보험심사평가원. (2023). 재활의료기관 수가 3단계 시범사업 p17

2021년 방문재활 시범사업 후 보고서에 의하면 2021년 기준 총 12,483명이 방문재활 서비스를 이용했다. 이 중 뇌졸중, 척추손상 등 중추신경계 환자 재활이 약 80%을 차지했다. 고관절 및 골반의 골절 및 치환술, 하지 절단 수술한 경우 등 근골격계 환자 경우 18.6%였다. 현재까지는 중증 또는 거동이 불편한 경우에 방문재활이 처방되고 시행 중이다. 방문재활 서비스 이용 환자의 주관적 만족도는 80% 이상이다. 환자의 편의와 만족도가 높은 방문재활은 현재 전국에 지정된 53개 회복기 재활의료기관에서만 실시하고 있다. 시범사업이 끝난 후 전국적으로 더 지정 병원이 확대되면 더 많은 방문재활 서비스를 이용할 수 있을 것으로 추정된다.

물리치료사는 방문재활 최적의 전문가다

방문재활은 보건복지부가 지정한 재활의료기관에서 의사, 간호사, 물리치료사, 작업치료사, 사회복지사 등으로 구성해야 시범사업에 참여할 수 있다. 이중 물리치료사는 직접적인 방문재활 서비스를 하고 있다. 물리치료사는 1인 또는 2인으로 환자 집으로 찾아가 방문재활 할 수 있다. 집에서 하는 재활이 중요한 이유는 환자가 일상생활을 하는 공간에서 활동을 고려하기 때문이다. 각 환자의 집 환경은 다르다. 물리치료사는 침대 위치, 테이블, 의자, 화장실 등 동선과 환경에 따라 맞춤 재활을 제공할 수 있다. 단순히 침대에 누워서 운동하는 게 아니라 환자가 목표로 하고 원하는 상황에서 기능회복을 잘 할 수 있도록 돕는 것이다. 기능해부학, 인체공학, 생체역학 등을 공부하는 물리치료사는 방문재활의 최적의 전문가이다.

집에서 일상생활이 원활할 정도로 회복된다면 의료기관과 지역사회로 이어지는 재활 효과는 환자에게 큰 의미가 된다. 병원에서만 지내다가 집에서 가만히 쉬거나 거동을 못 하는 상황을 줄일 수 있다. 집에서 재활이 잘 된다면 환자는 회복되어 병원에 혼자서 갈 수 있다. 친구 또는 지인 집이나 가고 싶었던 장소도 얼마든지 독립적으로 갈 수 있다. 방문재활로 환자 회복이 잘 이루어지면 의료기관-집-커뮤니티 활동으로 이어지는 연결고리가 되는 셈이다.

요즘 물리치료사 사이에서 방문재활의 관심이 높아지고 있다. 병원에서만 환자를 재활하는 게 아니라 집 또는 필요로 한 공간으로 가서 재활을 할 수 있기 때문이다. 스포츠 현장에서 스포츠 전문 물리치료사로 병원 밖에서 선수들의 재활과 트레이닝을 도울 수 있어서 매력적인 업무였던 것만큼 말이다. 물리치료사의 방문재활은 퇴원한 환자의 기능회복과 주거환경 맞춤형 치료 서비스를 할 수 있다는 장점이 크다. 60분 동안 환자 재활을 돌보며, 직업적인 역량과 만족도까지 높아질 수 있을 것이다.

환자의 주거환경과 기능을 꼭 고려한다

방문재활을 주제로 여러 물리치료사와 이야기할 때 공통적으로 나오는 이야기가 있다. 병원과 재활 방법이 어떻게 다른가이다. 치료사의 치료 조건이 다르다. 병원에서 높낮이 조절이 가능한 베드에서 환자를 치료하는 건 치료사 입장에서 일하기 편하다. 또한 탁 트인 치료 넓은 공간에서 보행 훈련까지 할 수 있으니 치료하기 좋은 환경이다. 그런데 환자의 집은 환경이 다 다르다. 환자가 침대를 사용할 수 있고, 사용하지 않을 수 있다. 집이 아파트여서 엘리베이터를 타고 다닐 수도 있고, 계단을 이용해 올라가야 하는 경우도 있다. 그래서 병원과 다른 방문현장을 갔다가 낭패를 보는 경우도 여

렷 있다. 병원처럼 갖춰진 공간에서 일하다가 치료의 환경적 여건이 마련되지 않아 애를 먹는 것이다. 허리를 숙여서 운동을 시키다가 탈이 나거나 좁은 공간에서 보행 훈련을 하는 경우 등 제한적인 상황이 생긴다. 그래서 처음 평가 계획을 세울 때 집안 환경이나 여건을 여쭤보고 머릿속으로 사전에 상황을 그려봐야 한다. 환자의 몸 상태와 심리적인 걸 고려하는 상황에서 주거환경과 그 이후를 생각하는 것까지 방문재활은 필요하다.

방문재활의 대한 관심은 저연차 치료사보다 3~4년차 이상 임상 경험이 쌓인 치료사가 더 높은 편이다. 연차가 높다고 방문재활을 더 잘할 수 있는 건 아니다. 10년차가 훌쩍 넘어도 방문재활이 주는 특수한 환경을 이해하지 못하거나 고려하지 않는다면 힘든 업무가 될 수 있다. 연차와 관계없이 임상 경험을 쌓는 물리치료사라면 방문재활이 갖는 특수성을 이해하고 접근하면 좋다.

우리나라에 방문재활 서비스 여건이 잘 정착되고 시행된다면 환자는 더 편리하고 좋은 의료 서비스를 받을 수 있다. 병원 등 의료기관으로 직접 가는 수고로움이 줄어드는 건 물론 시간적, 물리적으로 굉장한 변화가 생긴다. 아직은 방문재활 보다 의료기관 재활이 압도적으로 많다. 시간이 흐르면 방문재활 서비스의 수요 증가로 치료사는 다양한 형태로 일할 수 있을 것이다. 환자가 이용할 수 있는 치료의 장점이 높아질 테고, 환자 편의를 더 높일 수 있는 재활 서비스가 나오길 바란다. 또한 물리치료사가 다양한 환경과 업무를 할 수 있는 곳이 많아지길 희망한다.

물리치료사를 계속하고 싶었던 순간_ 도전할 분야가 늘어나서

물리치료학과를 졸업하고 물리치료사 면허를 취득하고 병원, 센터에서 일하며 다양한 경험을 쌓고 있다. 때론 물리치료사가 힘들기도 하다. 육체적 노동 강도가 있는 편이고, 거기에 더해 전문성을 높이려면 계속 공부를 해야 한다. 다른 분야에서 전문가가 되기 위해 비슷한 과정을 거치지만 물리치료사는 조금 특수하다. 시간이 흐르고 경험과 지식이 쌓이는 것뿐만 아니라 사람을 직접적으로 대하기 때문이다. 나는 사람을 만나는 걸 좋아하는 성향 덕분에 물리치료사로 일하는 게 더 재밌고 좋다. 전공 공부가 좋아도 사람을 만나거나 인간관계에 어려움이 있는 치료사는 정말 힘든 직업이 될 수 있기 때문이다.

나는 지금까지 병원과 센터에서 환자, 회원의 재활을 돕고 있다. 어느새 직접적인 재활뿐 아니라 전공을 살려 건강 주제로 책을 쓸 수 있어서 더 좋은 경험을 하고 있다. 다음에는 어떤 주제로 글을 써볼까 하는 생각만으로 즐겁다. 운 좋게도 출판사에서 특정 주제로 출간 제안을 할 때면 기분이 날아갈 것 같다. 잘 아는 주제면 더욱 좋고, 공부가 필요한 부분이 있어도 나의 지식과 경험을 책을 통해 도움을 줄 수 있다고 생각에 감사하다.

4~5년 전 생활습관의학(Lifestyle Medicine)이라는 학문을 알게 되었다. 사망률의 약 80%을 차지하는 만성질환이 식습관, 신체활동, 수면, 스트레스, 유해물질, 사회적 관계를 큰 축으로 영향을 받고, 이를 위해 적절한 예방관리법을 연구하는 학문이다. 의사뿐만 아니라 물리치료사도 생활습관의학 전문가로서 활동할 수 있다. 특히 물리치료사는 신체활동, 운동 전문가이다. 적절한 신체활동과 운동을 연구하고 지도하는데 특화되어 있다. 다학적제 팀 접근 방식의 생활습관의학에서 여러 의료건강 전문가와 교류하는 일도 인생의 즐거움이 되었다. 물리치료사로 일하지 않았다면 쉽지 않았을 분야다. 환자를 치료하는데 생활습관을 바꾸지 않고 신체적, 물리적 요소만 고려하면 치료의 여러 변수를 놓칠 수 있다. 물리치료사가 환자의 생활습관을 고려해 치료할 때 치료의 질과 만족도는 더 높아질 것이다. 물리치료사로 생활습관의학 분야에서 다양한 의료건강 전문가와 교류하며 활동하는 것도 도전의 연속이다.

최근 공공기관에 연구 과제를 신청하고 성과를 위해 노력하는 것도 흥미롭다. 예를 들어 근골격계 유해요인 조사 사업 용역을 지원하기도 한다. 직업환경의학과 분야 전문가와 교류하고 공인노무사와 소통하며 지내기도 한다. 연구와 조사에 관심이 있다면 공고 기준을 물색해 도전하면 된다. 아직 지원 수준에서 도전하고 있지만 언젠가는 연구 과제를 꼭 따내기 위해 노력 중이다.

얼마 전 언론사에서 자문을 요청받았다. 의학과 약학 분야의 뉴스를 알리는 전문 언론사였다. 물리치료사에게 자문 요청을 했다는 건 물리치료 분야가 할 수 있는 재활, 운동 분야에서 할 일이 많아졌다는 의미이다. 건강에 대한 관심이 많아진 시기에 현대인에게 실용적인 건강관리법을 다루는 내용을 제공해 도움을 줄 수 있다. 사람들이 쉽게 접근할 수 있는 지식과 정보를 전달할 수 있도록 활동해보고 싶다.

앞으로는 다학제간 융합의 시대이다. 물리치료사가 인문학 분야에서 활동할 수 있고, 전혀 관계없다고 생각했던 분야에서도 협업하는 시대가 되었다. 사람들이 관심 있고, 의료건강 분야에 도움을 줄 수 있는 모든 곳에서 치료사는 필요하다. 나는 물리치료사로서 도움을 줄 수 있고, 즐겁게 일할 수 있는 분야를 찾아 도전하고 싶다. 이렇듯 도전할 분야가 많아져서 또는 도전할 분야를 찾아서 날마다 도전하는 물리치료사로서 살아가고 싶다.

참고문헌

한국보건의료인국가시험원 물리치료사 정의. 물리치료학개론 교재편찬위원회 (2018). 〈물리치료학개론〉. 현문사. 3p.

대한물리치료사협회, 물리치료사 정의 http://www.kpta.co.kr/center/kpta/about

세계물리치료연맹, 물리치료사란 https://world.physio/resources/what-is-physiotherapy

대한물리치료사협회 물리치료사 윤리 http://www.kpta.co.kr/center/kpta/ethic

J R Hampton, M J Harrison, J R Mitchell, J S Prichard, C Seymour. *Relative contributions of history-taking, physical examination, and laboratory investigation to diagnosis and management of medical outpatients.* Br Med J. 1975 May 31;2(5969):486-9.

Saul J Weiner, Alan Schwartz, Gunjan Sharma, Amy Binns-

Calvey, Naomi Ashley, Brendan Kelly, Amit Dayal, Sonal Patel, Frances M Weaver, Ilene Harris. *Patient-centered decision making and health care outcomes: an observational study.* Ann Intern Med. 2013 Apr 16;158(8):573-9

Munkh-Erdene Bayartai, Paulo H Ferreira, Evangelos Pappas, Marina B Pinheiro, Batlkham Dambadarjaa, Enkhchimeg Khuyagbaatar, Justin Sullivan. *Genetic and environmental effects on lumbar posture, flexibility and motion control in healthy adults.* Musculoskelet Sci Pract. 2020 Dec;50:102253.

C A Pollard. *Family history and severity of disability associated with chronic low back pain.* Psychol Rep. 1985 Dec;57(3 Pt 1):813-4.

L Schwartz, M A Slater, G R Birchler. *Interpersonal stress and pain behaviors in patients with chronic pain.* J Consult Clin Psychol. 1994 Aug;62(4):861-4.

세계물리치료사연맹 물리치료사란 https://world.physio/resources/what-is-physiotherapy

물리치료학회 http://www.kpta.co.kr/center/intro/societyInfo

외국 물리치료사의 역사. 물리치료학개론 교재편찬위원회 (2018). 물리치료학개론. 현문사. 7p.

D R Rhoades, K F McFarland, W H Finch, A O Johnson. *Speaking and interruptions during primary care office visits.* Fam Med. Jul-Aug 2001;33(7):528-32.

H B Beckman, R M Frankel. *The effect of physician behavior on the collection of data*. Ann Intern Me. 1984 Nov;101 (5):692-6.

상담기법의 종류와 내용. 물리치료학개론 교재편찬위원회 (2018). 물리치료학개론. 현문사. 74p.

L.A Tucker. *Physical activity and telomere length in U.S. men and women: an NHANES investigation*. Preventive Medicine 100 (July 2017): 145-51.

M. M. Robinson, S. Dasari, A. R. Konopka, et al. *Enhanced protein translation underlines improved metabolic and physical adaptations to different exercise training modes in young and old humans*. Cell Metabolism 25, no 3 (March 7, 2017): 581-92.